FOLIO BIOGRAPHIES
collection dirigée par
GÉRARD DE CORTANZE

Cézanne

par

Bernard Fauconnier

Gallimard

Une jeunesse

Pourquoi lui ? Pourquoi le fils d'un commerçant aixois notoirement philistin, élève tranquille du collège Bourbon, apprenti médiocrement doué, selon les normes académiques, de l'école gratuite de dessin d'Aix-en-Provence, pourquoi ce garçon timide et sauvage aux manières brusques, ce bourgeois retrouvant sur le tard les parfums d'encens de l'église Saint-Jean-de-Malte et de la cathédrale Saint-Sauveur, les formes rassurantes d'un catholicisme bienpensant... Pourquoi cet ours rétif aux embrasements de la passion amoureuse, ce rentier aux idées politiques plutôt réactionnaires (contrairement à son ami Zola), est-il devenu le héros de l'art moderne, le plus grand peintre de son temps ? Il a bouleversé la peinture et l'a réinventée, préparant le travail de ses successeurs pour au moins un siècle. Picasso ne parlait pas de lui sans un tremblement dans la voix. Cézanne, le patron. Il y a un mystère Cézanne que ne comprirent pas ses contemporains, encore moins ses compatriotes d'Aix-en-Provence, bourgeois bouffis d'inculture et d'arrogance languissant dans une ville endormie autour de ses fontaines, si assurée de sa beauté et de son charme qu'elle en oubliait de vivre. Depuis, bien sûr, la ville n'a pas manqué de récupérer l'enfant du pays, qu'elle a tant méprisé. Il y a des lieux Cézanne, un lycée Cézanne, des itinéraires Cézanne sur les trottoirs desquels sont incrustés des écussons de cuivre à l'effigie du peintre. Le fou, l'énergumène, le fils du banquier est devenu la gloire de la ville, qui s'en porte fort bien. En haut du cours Mirabeau, l'enseigne de la chapellerie de M. Cézanne père est encore visible sur un mur, à demi effacée, au-dessus d'une maroquinerie.

Le mystère Cézanne, on commença de l'entrevoir dans les années qui suivirent sa mort. Il n'a cessé depuis lors d'habiter le monde de l'art, tandis que ses toiles se répandaient dans tous les musées du monde. Le mystère Cézanne est une histoire de formes, c'est-à-dire de rivalité avec le monde — ou avec Dieu. Cézanne est l'un de ces artistes atypiques de la modernité, contraints de bouleverser leur art parce qu'ils sont incapables d'en respecter les canons académiques, par choix, par défi, par tempérament. Cézanne a réinventé la peinture parce que les formes anciennes, qu'il respectait plus que tout autre, lui étaient inaccessibles. Il n'est ni un « bon peintre » ni un « bon dessinateur », il est Cézanne. Il n'a pas la virtuosité de Raphaël ou de Picasso. Il a dû tout arracher à la matière, à la nature, pour être absolument lui-même, sinon, comme disait Rimbaud, « absolument moderne ». C'est ce qui l'a sauvé.

*

Paul Cézanne est né le 19 janvier 1839 à Aix-en-Provence, au 18, rue de l'Opéra. Son père est Louis-Auguste Cézanne, âgé de quarante ans, originaire de Saint-Zacharie dans le Var. Sa famille, d'origine italienne, s'est d'abord installée dans le Briançonnais avant de descendre vers des terres plus hospitalières. Louis-Auguste demeure sur le Cours, qui deviendra cours Mirabeau en 1876, la République se souvenant de ses pères révolutionnaires. C'est l'artère principale d'Aix, ombragée de platanes, lieu de promenade et de rendez-vous des bourgeois de la ville. Aix est une ville où il ne se passe rien. Elle résiste aux assauts du progrès, refuse le passage du train Paris-Marseille afin de préserver sa quiétude aristocratique. Ancien siège du parlement de Provence, elle somnole autour de ses fontaines moussues. Tout alentour se déploie une des plus belles campagnes du monde, sur lesquelles les saisons semblent à peine passer. Les pins, les cyprès, les buis et les cystes restent éternellement verts. De tous les points de la ville et de ses environs, on voit la grande masse blanche de la montagne Sainte-Victoire. En 1839, dans cette province pétrie de traditions, il ne va pas de soi de reconnaître un enfant né hors des liens du mariage. C'est l'une des énigmes de Louis-Auguste, personnage hors normes.

La mère de Paul est Anne-Élisabeth-Honorine Aubert, âgée de vingt-quatre ans. C'est la sœur d'un des employés de la chapellerie de Louis-Auguste.

Le couple n'est pas marié, mais l'enfant est reconnu par son père. Le petit Paul est baptisé le 20 février de la même année en l'église Sainte-Madeleine, située en haut du Cours. Sa marraine est sa grand-mère maternelle, Rose Aubert. Son parrain est son oncle Louis Aubert, également chapelier. La naissance de Paul est une histoire de chapeaux. Louis-Auguste est un commerçant peu instruit, mais avisé et rude en affaires. Sa liaison avec Élisabeth est solide. La petite sœur de Paul, Marie, naît deux ans plus tard, en 1841. Le couple se marie en 1844, sous le régime de la séparation de biens. Louis-Auguste, rentier, est mentionné comme fabricant de chapeaux. On est au XIXe siècle, il faut parler dot : celle d'Élisabeth Aubert, produit des économies qu'elle a réalisées comme ouvrière, est constituée par un trousseau estimé à 500 francs, une somme de 1 000 francs en numéraire et un futur héritage de 1 000 francs. Voilà pour les archives. Quant aux êtres…

Élisabeth Aubert est une femme timide et réservée, mais vive, enjouée, compréhensive. Elle soutiendra toujours Paul, admirant ses premiers dessins, défendant son fils contre les colères du père. À Louis-Auguste qui enrage que son fils rue dans les brancards, refuse les études de droit, perde son temps à des barbouillages inutiles, elle servira un jour cette réplique sublime : « Que veux-tu, il s'appelle Paul, comme Véronèse et Rubens. »

Faut-il réhabiliter les pères tyranniques ? Quand ils ne font pas de leurs fils d'irrécupérables imbéciles, ils deviennent parfois des génies, par réaction.

Louis-Auguste a accablé son fils de mépris et de commisération. On pense à Hermann Kafka, commerçant lui aussi, butor, bougon, violent, méprisant Franz et cédant quand même devant sa vocation d'écrivain, comme à une force incoercible. Le père Cézanne, enrichi, parvenu, rêve pour Paul d'une place éminente à Aix, l'accès aux salons les plus fermés de la vieille aristocratie de robe qui compose encore l'élite de la ville.

Louis-Auguste a bâti sa fortune à la force du poignet. Il a quitté sa ville natale, où il n'y avait aucun avenir. Il s'est engagé comme employé chez des drapiers d'Aix, les Dethès. Intelligent et volontaire, il a vite compris qu'il avait tout à gagner à se reconvertir dans la chapellerie. Les élevages de lapins abondent dans la campagne aixoise. On transforme en feutre pour les chapeaux les poils de ces paisibles rongeurs. Va pour la chapellerie. En 1821, Louis-Auguste « monte » à Paris pour apprendre le métier. Il revient à Aix en 1825 et consacre ses économies à fonder avec deux associés un commerce de chapeaux. Louis-Auguste, rusé et ambitieux, emploie toute son énergie à son commerce.

Quand l'argent venait à manquer aux éleveurs de lapins, ce qui retardait la livraison des peaux à l'industrie feutrière aixoise, M. Cézanne leur consentait des prêts. Les bénéfices réalisés sur les prêts sont vite devenus considérables, assez pour fonder une banque. Justement, la banque Bargès a déposé son bilan en 1848. Louis-Auguste ne va pas manquer l'occasion. Il s'associe avec l'ancien caissier de la banque en faillite, un certain Cabassol, qui apporte ses compétences en matière bancaire, tandis que M. Cézanne père fournit le capital. Paul n'a que neuf ans quand Louis-Auguste devient banquier à la faveur d'une crise économique. Sagement gérée, la banque ne tarde pas à prospérer. La famille Cézanne est riche. Paul devra à cette fortune acquise de pouvoir peindre sans réel souci du lendemain, sans même avoir besoin de vendre ses toiles, jusqu'à la fin de ses jours. Les butors attachés aux tristes biens de ce monde ont parfois du bon. « Mon père avait du génie », reconnaîtra Cézanne vers la fin de sa vie. Louis-Auguste n'est plus chapelier, il a cédé son fonds et se voue entièrement à la banque. En 1853, il pourra réaliser son rêve : acquérir un domaine aux portes de la ville, à la campagne, comme les bourgeois les plus fortunés, comme les grandes familles qui le snobent, lui l'ancien employé : ce sera le Jas de Bouffan, magnifique bastide, ancienne demeure du marquis de Villars, gouverneur de la Provence à l'époque de Louis XIV. Mais on ne pénètre pas plus facilement les salons aixois que celui de la duchesse de Guermantes. Fruste, brusque de manières, quasi illettré, Louis-Auguste restera toujours un marginal, aussi envié pour sa fortune que méprisé pour ses origines modestes.

Paul voit tout cela. C'est un enfant doux et réservé, élevé dans les conventions bourgeoises, bonnes études et religiosité irréprochable. Il deviendra un homme colérique, mal embouché parfois, grossier par défi, timide forçant sur ses manières rustaudes. Des colères qui viennent de loin, de la peur que lui inspirait son père, du sentiment obscur de n'être pas à sa place, d'être de trop, bourgeois de raccroc, fils d'un parvenu, enfant mal né.

En attendant, il joue les enfants exemplaires pour qu'on lui fiche la paix. Il fréquente une école de la rue des Épinaux, puis le pensionnat Saint-Joseph avec les fils de bonne famille de la ville. À l'âge de treize ans, en 1852, il intègre le collège Bourbon. La vraie vie commence.

*

Il s'appelle Émile Zola. C'est un gamin chétif, souffreteux, affligé d'un accent parigot et d'un curieux défaut de prononciation. Il zézaye, il postillonne, il est intelligent, rêveur et malheureux comme les pierres. Les autres le rossent copieusement parce que c'est un « Franciot », qu'il est petit et faible, parce que c'est ainsi que marche le monde : les grandes brutes tabassent les petits qui prennent parfois leur revanche à l'âge d'homme. Son père, François Zola, ingénieur civil, a construit le barrage au pied de Sainte-Victoire, qui ravitaille les Aixois en eau, puis il est mort en 1847, avant l'achèvement de son ouvrage. Sa mère tire le diable par la queue, pour offrir à son fils des études coûteuses.

Paul Cézanne se prend de sympathie pour ce garçon mal aimé, son cadet d'un an. Coup de foudre de l'amitié. « Opposés de nature, dira Zola, nous nous étions liés d'un coup et à jamais, entraînés par des affinités secrètes, le tourment encore vague d'une ambition commune, l'éveil d'une intelligence supérieure, au milieu de la cohue brutale des abominables cancres qui nous battaient[1*]. » Et Cézanne, bien des années plus tard, à Joachim Gasquet :

Au collège, figurez-vous, Zola et moi passions pour des phénomènes. Je torchais les vers latins en un tour de main... Pour deux sous ! J'étais commerçant, bigre ! quand j'étais jeune. Zola, lui, ne foutait rien... Il rêvassait. Un sauvage têtu, un souffreteux pensif, vous savez, de ceux que les gamins détestent. Pour un rien on le fichait en quarantaine... Et même, notre amitié vient de cela, d'une tripotée que toute la cour, grands et petits, m'administra, parce que moi, je passais outre, je transgressais la défense, je ne pouvais m'empêcher de lui parler quand même... Un chic type... Le lendemain, il m'apporta un gros panier de pommes... Tiens, les pommes de Cézanne — fit-il en clignant d'un œil gouailleur, elles viennent de loin[2] !

Pendant quelques années, jusqu'au départ de Zola pour Paris en 1858, les deux garçons connaissent le bonheur sans nuage des amitiés adolescentes. Ils lisent les mêmes livres, vivent en poésie. Victor Hugo est leur grand homme. Ils s'échappent de la ville, courent jusqu'à Sainte-Victoire, se repaissent sans s'en apercevoir de cette beauté offerte pour rien, accumulant des sensations qui un jour trouveront leur forme. Si ce n'est pas le paradis... Un troisième larron partage bientôt leurs courses à travers la nature, Baptistin Baille, brillant sujet lui aussi, qui deviendra ingénieur. On les appelle les « inséparables » ; ils partagent tout, débattent de tout, excitent mutuellement leurs esprits en

* Les notes sont regroupées en fin de volume, p. 265.

se projetant dans un avenir glorieux. « Ce que nous cherchions, dit Zola, c'était la richesse du cœur et de l'esprit, c'était surtout cet avenir que notre jeunesse nous faisait entrevoir si brillant[3]. » D'ailleurs le pays autour d'eux resplendit. La route du Tholonet, l'une de leurs promenades favorites, qui épouse les lacets de l'ancienne voie romaine, découvre à chaque virage un sublime point de vue. Les Romains savaient regarder. C'est une quintessence de paysage. Arbres, rochers, la montagne au loin, posée comme une énorme bête à la peau plissée, les carrières de Bibémus, Château-Noir, les Infernets : tout est là. Cézanne n'aura qu'à creuser inlassablement cette matière qu'il a sous les yeux depuis toujours, à la transformer à sa mesure, le sait-il déjà obscurément ? Sans doute pas. C'est un garçon rêveur, un peu brutal, assez sombre de caractère, mais capable de formidables excès de joie, et d'une prodigalité que rien n'arrête. L'argent lui brûle les doigts. Il faut qu'il le dépense. « Parbleu, dit-il à Zola, si je mourais cette nuit, voudrais-tu que mes parents héritent ? » Protégé par l'amitié, ultrasensible, il construit son monde à son insu, au cours de parties de chasse où on lit plus de poésie qu'on ne tue de bartavelles. Ils partent dès trois heures du matin, le premier réveillé allant jeter des pierres sur les volets des deux autres.

Tout de suite on partait, les provisions depuis la veille préparées et rangées dans les carniers. Au lever du soleil on avait déjà franchi plusieurs kilomètres. Vers neuf heures, quand l'astre devenait chaud, on s'installait à l'ombre dans quelque ravin boisé. Et le déjeuner se cuisait en plein air. Baille avait allumé un feu de bois mort devant lequel, suspendu par une ficelle, tournait le gigot à l'ail que Zola activait de temps à autre d'une chiquenaude. Cézanne assaisonnait la salade dans une serviette mouillée. Puis on faisait une sieste. Et l'on repartait, le fusil sur l'épaule, pour quelque grande chasse où l'on tuait parfois un cul-blanc. Une lieue plus loin, on laissait le fusil, on s'asseyait sous un arbre, tirant du carnier un livre[4].

Le paradis, vous dis-je. Et le temps des premières amours. Charmes de la vie de province. Cézanne et Zola offrent quelquefois la sérénade à une jolie fille qui possède un perroquet vert. Zola joue du piston et Cézanne de la clarinette. Ils appartiennent à une société musicale qui fête les fonctionnaires de retour de Paris, le ruban rouge à la boutonnière, qui joue dans les grandes circonstances ou accompagne les processions religieuses. La belle fille au perroquet vert fut-elle sensible à ces charmes mélodiques ? Il semble bien que non. Qu'importe, la musique est un amusement. On est ensemble, on fait du vacarme, même si Cézanne n'est pas un musicien très doué, qui fait enrager son professeur de solfège.

En 1856, Cézanne et Zola achèvent leur internat. Désormais ils seront plus libres. Seul Baille reste prisonnier des murs du collège. Cézanne termine sa troisième. Il a obtenu le prix d'excellence. Virtuose en composition de vers latins et français, il se montre en revanche fort médiocre en dessin, où il n'obtient pas la moindre mention.

Les deux garçons sont comme fous. Au moindre instant de liberté, l'été, les dimanches, ils détalent, ivres de poésie, de projets grandioses, de bonheur à venir. Ils vagabondent dans les environs, poussent toujours plus loin leurs explorations, gravissent la montagne Sainte-Victoire, courent jusqu'à Gardanne, joli village tout en hauteur dominé par une vieille église, parcourent la chaîne de l'Étoile et le Pilon du Roi, s'aventurent plus loin encore, jusqu'à l'Estaque. C'est un village niché à l'extrémité de la baie de Marseille : une côte sauvage, des falaises rouges, des pins, une violence de couleurs sans retenue. Comment croire que Cézanne serait devenu Cézanne sans ces paysages qui lui coulent dans les veines ? « Quand la couleur est à sa richesse, la forme est à sa plénitude », dira-t-il un jour à Émile Bernard[5]. Cela aussi vient de loin. Comme par défi, ils s'épuisent dans ces randonnées dont ils rentrent rendus, hagards, comme dans un état second, tandis que leurs camarades de collège, qui ne sont pas de leur trempe, fréquentent déjà les cafés et perdent leurs journées en parties de cartes. Eux s'éloignent de la société des hommes, un brin rousseauistes, rêvent de s'établir au bord de l'Arc, la petite rivière qui coule au sud d'Aix, et « d'y vivre en sauvages, dans la joie d'une baignade continuelle, avec cinq ou six livres, pas plus[6] ». Quels livres ? Hugo bien sûr, mais aussi Musset, qu'ils viennent de découvrir et dont ils se récitent inlassablement les vers. Ils sont de jeunes romantiques. Comme à Flaubert, il leur faudra une sérieuse cure de réalisme pour chasser les miasmes de ces irréalités chimériques. Un jour même, emportés trop loin, ils décident de passer la nuit dehors. Ils se font un bivouac de fortune dans une grotte, s'étendent la tête sous les étoiles, comme deux vagabonds. Une tempête se lève, des bruits effrayants résonnent dans les arbres et les rochers, les chauves-souris s'affolent. Transis de peur, n'y tenant plus, ils s'enfuient en courant vers deux heures du matin.

En tout cas, c'est décidé, ils seront poètes. Zola projette même d'écrire une vaste épopée en trois chants, *La Chaîne des êtres*, qui composerait une vaste histoire de l'humanité. Il se contentera d'écrire, en prose, « L'histoire naturelle et sociale d'une famille sous le Second Empire », mais son projet fondamental est déjà constitué, même s'il n'en connaît pas encore la forme. Cézanne aussi sera poète. Les vers ne lui coûtent rien à écrire, leurs poésies les rendront célèbres, riches, couverts de femmes, et Paris sera à leurs pieds.

Pourquoi Cézanne se met-il alors en tête de suivre des cours de dessin, lui qui n'y excelle guère d'après ses professeurs ? Un peu par hasard, sans doute, bien qu'il se fût essayé au dessin très tôt, dès la petite enfance, sous les yeux ébahis et admiratifs de sa mère. Mais sa mère… À Aix, la ville a établi son musée dans l'ancien prieuré des chevaliers de Saint-Jean-de-Malte, qui jouxte l'église du même nom, en haut de la rue Cardinale. Elle y a aussi installé son école gratuite de dessin. Elle est dirigée par le conservateur du musée, un certain Joseph Gibert, peintre de son état, et de la plus académique espèce. Cézanne a suivi son ami Philippe Solari, qui rêve de devenir sculpteur, et s'est inscrit aux cours du soir. Louis-Auguste a froncé les sourcils et lâché quelques sarcasmes, mais après tout les loisirs artistiques font partie de cette éducation bourgeoise à laquelle le banquier aspire tant pour ses enfants. La jeune sœur de Paul, Marie, peint elle-même des aquarelles et pianote à ses heures. Alors, si Paul y tient vraiment...

C'est un monde qui s'ouvre à lui. Bien sûr, le musée d'Aix, ce n'est pas le Louvre. On y trouve pourtant quelques toiles de fort bonne facture. François Granet a légué ses œuvres et une partie de ses collections à sa mort, en 1849. Un peintre intéressant, Granet. Outre quelques peintures académiques aux forts remugles de sacristie, moines espagnols et bonnes sœurs peu accortes, il a ramené d'Italie des paysages qui en font un précurseur mal connu de Corot, et l'égal d'un Valenciennes. On trouve aussi au musée les œuvres de quelques petits maîtres du XVIIe siècle, des baroques obscurs (« Dans l'baroque, y a pas que des Lumières », disait Michel Audiard[7]), et même des *Joueurs de cartes* que l'on attribue à Le Nain. Cézanne se fait l'œil. La main aussi, car il lui arrive d'essayer de reproduire des toiles longuement contemplées. Premières ébauches. Échecs. C'est incommensurablement difficile, la peinture. Mais Paul se sent chez lui. À l'école de peinture, il a rencontré quelques jeunes gens qui se rêvent peintres : Numa Coste, Joseph Villevieille, Joseph Huot. Il se prend à rêver, lui aussi. Et s'il devenait un peintre célèbre ?

*

Chez les Zola, les choses vont de mal en pis. L'argent manque. Émile brille en classe, il rafle tous les prix, ses compositions françaises sont si remarquables que son professeur lui prédit un avenir d'écrivain, mais cela ne fait pas encore bouillir la marmite. En cette année 1857, sa grand-mère vient de mourir. C'était elle, cette femme énergique et inlassable, qui savait jongler avec les difficultés et pourvoir aux besoins de la maisonnée. Elle disparue, c'est la misère noire. Les Zola déménagent pour des quartiers toujours plus pauvres. Après quelque temps de cette descente aux enfers, endettée jusqu'au cou, Mme Zola s'en va à Paris pour solliciter de l'aide auprès des anciens amis de son mari. Zola reste à Aix avec son grand-père. Les deux amis continuent leurs escapades. Que peut-il arriver de funeste dans cette nature immense, quand on a quelques livres, des rêves plein la tête et des projets grandioses ? Le pire. En février 1858, c'est le coup de tonnerre. Émile reçoit une lettre de sa mère : « La vie n'est plus tenable à Aix. Réalise les quatre meubles qui nous restent. Avec l'argent tu auras toujours de quoi prendre ton billet de troisième et celui de ton grand-père. Dépêche-toi, je t'attends. »

Le paradis n'est donc pas éternel. Après le départ de Zola pour Paris, Cézanne est comme perdu, dans un état de mélancolie profonde, presque un deuil. Leur première jeunesse vient de s'achever. « Depuis que tu as quitté Aix, mon cher, un sombre chagrin m'accable, je ne mens pas, ma foi. Je ne me reconnais plus moi-même, je suis lourd, stupide et lent[8]. » Il a dix-neuf ans. Le départ de Zola lui ôte le goût des études, le goût des escapades, le goût de tout. Il ne pense qu'à l'été, qui lui ramènera peut-être son ami. Il pense aussi à une jeune personne qu'il a aperçue, dont il est amoureux. Une « gentille femme. Brun est son teint, gracieux est son port, bien mignon est son pied, la peau de sa main fine blanche est sans doute[9]... » Elle s'appelle Justine. Mais comment s'y prendre quand on est timide, balourd, maladroit, quand la moindre initiative amoureuse vous semble aussi insurmontable que soulever la montagne Sainte-Victoire ? « Une certaine tristesse intérieure me possède, écrit-il encore à Zola, et, vrai Dieu, je ne rêve que de cette femme dont je te parlai. J'ignore qui elle est ; je la vois passer quelquefois dans la rue en allant au monotone collège. J'en suis morbleu à pousser des soupirs, mais des soupirs qui ne se trahissent pas à l'extérieur, ce sont des soupirs men*tals* ou men*taux*, je ne sais[10]. » Pour comble de détresse, le départ de Zola l'a laissé dans un tel état d'apathie, lui le virtuose en vers grecs et latins, qu'il se débrouille même pour se faire coller à la session d'août du baccalauréat. Il l'avait bien prédit dans une lettre à Zola : « Ah ! si j'étais bachot, si tu étais bachot, si Baille était bachot, si nous étions bachot. Baille du moins le sera, mais moi : coulé, submergé, enfoncé, pétrifié, amorti, anéanti, voilà ce que je serai[11]. » Il a beau faire le faraud, composer des vers de mirliton magnifiquement obscènes pour amuser son ami, il file un mauvais coton.

Zola ne se porte guère mieux. À Paris, où il ne connaît personne, l'absence de Cézanne, de Baille, de la lumière du Sud et des lieux familiers est insupportable. Il est dans un nouveau lycée — le lycée Saint-Louis — et tout est à recommencer : faire accepter son zézaiement, sa singularité, son statut de « Marseillais ». Il est boursier, ce Gorgonzola, et un boursier est un pauvre, un peigne-cul. Et un pauvre pas très doué de surcroît puisque, à dix-huit ans, il traîne encore en seconde sa démarche pataude. Il ne fiche plus rien, lui non plus, il redevient un cancre. Il ne s'intéresse qu'à la littérature. Il écrit des vers, une pièce de théâtre, et des lettres à ses amis, dont les réponses lui semblent parcimonieuses. Décidément, rien ne sera plus jamais comme avant. Et même pas la consolation d'une situation meilleure, car en déménageant d'Aix à Paris, les Zola n'ont fait qu'emmener leur misère à la semelle de leurs souliers : ils vivent dans un appartement minable de la rue Monsieur-le-Prince, à peine meublé. Zola attend les vacances. Il retournera à Aix, il reverra ses amis. Mais c'est encore bien loin, l'été.

Cézanne n'a guère brillé en classe, mais il a décroché un deuxième prix de dessin chez le père Gibert. Quand Zola débarque à Aix pour les vacances, la vie d'antan semble reprendre, sur fond d'inquiétude. On rit, on poétise, on se grise un peu de vin et de tabac, on fait semblant de retrouver le goût d'un temps enfui, mais le cœur n'y est plus tout à fait. En octobre, Zola repart pour Paris, Baille s'en va à Marseille préparer l'École polytechnique et Cézanne repasse son bachot à la session de novembre 1858, où il est reçu. Catastrophe : son père exige qu'il s'inscrive en faculté de droit. Le vieux renard veut pour son fils une carrière honorable, la banque, la robe, qui lui ouvrirait les portes très fermées des demeures bourgeoises dont lui-même a toujours été exclu :

> Hélas ! J'ai pris du Droit la route tortueuse.
> — J'ai pris n'est pas le mot, de prendre on m'a forcé !
> Le Droit, l'horrible Droit d'ambages enlacé
> Rendra pendant trois ans mon existence affreuse[12] !

Ce dégoût n'est pas feint. Le droit est une matière ingrate, et Cézanne s'est découvert une passion : dessiner, peindre. Évidemment il ne peut l'avouer à son père : il ne recueillerait que sarcasmes. « On meurt avec du génie et l'on mange avec de l'argent. » À sa mère peut-être ? Élisabeth est douce, rêveuse, un peu chimérique. Elle ne voit pas d'un mauvais œil les tentations artistiques de son fils. Mais il y a loin de la passion à la vocation définitive. Alors, va pour le droit. Après tout, faire semblant d'être docile est encore le meilleur moyen pour qu'on vous fiche la paix. Le projet se forme peu à peu. La détestation du droit est si forte que tous les moyens sont bons pour trouver une échappatoire.

Paul ignore que pendant qu'il se languit, incertain, irrésolu, mélancolique, un drame se joue à Paris. Émile est malade. De retour d'Aix, il a sombré. Une fièvre le dévore pendant six semaines. L'angoisse, le tunnel indiscernable de l'avenir… Il se débat dans une nuit obscure dont il sort dévasté, aphasique, les dents déchaussées. Du Zola.

Cézanne travaille mollement son droit, mais il continue à suivre avec assiduité ses cours de dessin. Une idée commence à germer dans son esprit : foutre le camp, à tout prix. Il demande à Zola de s'informer des concours de l'Académie des Beaux-Arts à Paris. L'école de dessin d'Aix est un petit monde où fermentent les ambitions juvéniles. Numa Coste, Truphème, Solari, Villevieille forment une phalange d'artistes en herbe qui s'encouragent, se défient, s'illusionnent. Un certain Jean-Baptiste Chaillan, fils de paysan, aussi naïf que vigoureux, cou de taureau et visage rougeaud, est devenu un bon camarade de Paul, qui s'amuse de sa candeur : pas besoin d'étudier, selon Chaillan, il suffit de laisser parler son génie spontané. Ce qu'ont fait Rembrandt ou Van Dyck, pourquoi ne le ferait-on pas ? Cézanne n'a pas de ces hardiesses natives. Il lui faut encore un maître, un cadre, des références. Le père Gibert n'est certes pas un génie, ses conceptions datent d'un siècle. Au moins Cézanne apprend-il chez lui quelques bases qu'il considère, à sa manière, avec un mélange de respect et d'exaspération. L'inconnu lui fait peur. La vie est pure angoisse. Qui pourrait penser que ce garçon timide et peu sûr de lui va révolutionner la peinture ? Pour l'heure, il s'essaie à travailler d'après le modèle vivant. À l'école de dessin, on fait poser, pour un franc la séance, un homme nu, un exemple d' « académie ». Essais peu convaincants. Sa manière n'est guère gracieuse. Il barbouille des formes rustaudes, tandis que ses amours restent au point mort, en dépit des conseils de « réalisme amoureux » de son ami

Baille, relayés par Zola, qui, lui, incline plutôt au sublime et à l'idéal, seule façon de ne pas céder aux médiocrités de l'époque.

*

C'est une très belle maison, une bastide comme on dit en Provence, ancienne propriété de M. de Villars, gouverneur de Provence. Le Jas de Bouffan, la demeure des vents. Construite au XVIIIe siècle, façade solide, hautes fenêtres, toit à la génoise, elle est nichée dans les frondaisons d'un parc, au bout d'une allée de marronniers qui se reflètent dans l'eau d'un bassin. Aujourd'hui, le Jas de Bouffan est coincé entre une autoroute et une large avenue hideuse, bordée de garages et de concessions automobiles, et d'immeubles trop vite construits, qui mène aux quartiers ouest d'Aix-en-Provence. Mais en 1859, année où M. Cézanne père s'offre cette propriété de campagne, à deux kilomètres du centre d'Aix, il n'y a alentour que des vignes et de vastes prairies. Au loin se profile la forme blanche et massive de Sainte-Victoire. Louis-Auguste possède désormais sa maison de campagne, comme tout bon bourgeois d'Aix, mais il a le triomphe modeste. Il l'a payée 80 000 francs, une bagatelle pour lui. Il est vrai que la maison a connu des jours meilleurs. Le parc est à demi abandonné, certaines pièces sont dans un état de délabrement avancé. Louis-Auguste renonce à entreprendre des réparations. La propriété est un bon placement. L'achat fait jaser. On ricane sur ces prétentions de nouveau riche. Alors Louis-Auguste évite toute provocation, toute ostentation. Les pièces délabrées resteront fermées, et le parc s'entretiendra tout seul.

Paul est d'abord indifférent à cette acquisition, comme à toute possession terrestre, mais il y voit vite un avantage : il pourra s'y réfugier pour travailler. Il obtiendra même l'autorisation paternelle de décorer une pièce d'une représentation des quatre saisons, à l'instar de Poussin. Mais pour l'heure, Paul est tout à ses amours. Justine fait peu de cas de lui. Il raconte sa mésaventure à Zola : il se l'est fait souffler par un jeune gandin, un certain Seymard : « À peu près tous les jours je la voyais depuis ce temps et souvent Seymard était sur ses pas… Ah ! Que de rêves j'ai bâtis et des plus fous encore, mais vois-tu, c'est comme ça : je me disais en moi, si elle ne me détestait pas, nous irions à Paris ensemble, là je me ferai artiste, nous serions ensemble. Je me disais, comme ça, nous serions heureux, je rêvais des tableaux, un atelier au quatrième étage, toi avec moi, c'est alors que nous aurions ri. » Le rêve s'est envolé, il n'est plus « qu'un corps inerte, bon à rien[13] ».

Cézanne est amer. La pécore l'a snobé, il est cocu. Ce ne sera pas la dernière fois. Cette année encore, il n'a plus qu'à attendre l'arrivée de Zola, qui doit d'abord passer son bac. Il est reçu second à l'écrit, mais l'oral est catastrophique. Émile n'est certes pas un orateur. Il bafouille, il dit « tautiton » pour saucisson, il ne connaît pas la date de la mort de Charlemagne, ignorance rédhibitoire, et il exprime sur La Fontaine des opinions un peu trop personnelles. Recalé. Tant pis. Il recommencera en novembre. Sans plus de succès, échouant même à l'écrit. C'est ainsi, l'un des plus grands romanciers français du XIXᵉ siècle ne fut jamais bachelier.

Les vacances 1859 réunissent à nouveau les deux amis, plus Baille, qui est sur la mauvaise pente. C'est « un gros garçon, au visage correct et bouffi » selon Zola. Il sera polytechnicien, tant pis pour lui. Cet été sera celui des grandes décisions. Zola rapporte de Paris des trésors d'histoires. Si l'on se veut artiste, c'est là qu'il faut être. Le père Gibert est un âne. À Paris il y a le Louvre, Rubens, Poussin, Rembrandt, ils sont tous là. À Paris il y a de vrais professeurs, des gens qui savent ce que peindre veut dire. Et il y a le Salon, cette Icarie, cette Ithaque des peintres. Zola se fait pressant. « Il faut que Févanne vienne à Paris, f'est fa feule fanfe de réuffir. » Et puis, il se sentirait tellement moins malheureux, Émile, avec Paul auprès de lui. Est-ce qu'il a au moins fait part à son père de ses projets ? Paul grommelle, bougonne. En parler à Louis-Auguste ? Le vieux bonhomme hausse les épaules avec commisération chaque fois qu'il voit Paul un pinceau à la main. Une belle idée qu'il a eue de lui offrir un jour une boîte d'aquarelle qu'il avait négociée un bon prix... Il s'inquiète, aussi. Il a d'abord cru à une foucade. Mais son grand galavard de fils semble bien accroché à sa passion. On meurt avec du génie... Et il se met à prendre en grippe le pauvre Émile qui fourre ces idées bizarres dans la tête de Paul, qu'il voyait banquier, avocat, bourgeois arrivé, qui le vengeait de tous les mépris, de toutes les avanies.

*

Mais Louis-Auguste, ce tyran, ce madré, ce matérialiste forcené, n'est pas tout à fait l'imbécile indécrottable que la légende a forgé par commodité romantique. Il aime son fils, à sa manière. Quelque chose en lui, d'obscur et de non formulé, comprend. Il a soixante ans, sa vie est derrière lui, il est riche à ne savoir que faire de son argent. Rien ne devrait l'empêcher de laisser Paul agir comme il lui plaît, mais il a des principes, des certitudes de butor enrichi. Il va même voir Gibert pour lui demander ce qu'il pense des projets de Paul. Que peut-il en penser, ce médiocre ? Si Paul s'en va, il perdra un de ses élèves, l'un des meilleurs, car il progresse, Cézanne. Mais de là à partir pour Paris...

Louis-Auguste sait ce qu'il fait. Si même son professeur désapprouve... La voix de l'autorité... Cézanne lui-même se met à douter. Zola revient à la charge, polissant ses arguments : « Voici comment tu pourras diviser ton temps. De six à onze tu iras dans un atelier peindre d'après le modèle vivant, tu déjeuneras, puis de midi à quatre, tu copieras, soit au Louvre soit au Luxembourg, le chef d'œuvre qui te plaira[14]. » Zola organise même le budget de Paul, sachant que ses raisons trouveront écho chez ce pingre de Louis-Auguste. 125 francs par mois devraient bien suffire à sa subsistance, d'autant qu'il pourra augmenter ce chiffre en vendant ses premières œuvres, ses ébauches. « Les études faites dans les ateliers, surtout les copies prises au Louvre se vendent très bien, et quand tu n'en ferais qu'une par mois, cela grossirait gentiment la somme pour les menus plaisirs. » Paul tergiverse. Pourquoi s'obstiner ? Aix, la sécurité du foyer, l'amour des siens, la tendresse de sa mère, la sollicitude admirative de sa sœur Marie, future vieille fille tyrannique, et même la présence, écrasante et rassurante tout à la fois, de son vieux grigou de père… Mais il sait obscurément qu'il joue sa vie, son destin, qu'il ne saura pas tant qu'il n'aura pas essayé. Il fait la gueule. Cela lui vient aisément. Il se tait à table tandis que le père fulmine. Paris, la débauche, les femmes de rien, la vie d'artiste… Cézanne s'enferme. Il peint sur les murs les panneaux des *Quatre Saisons*, qu'il signe Ingres par dérision, Ingres qu'il déteste déjà sans vraiment le connaître, le triomphe de l'académisme. Il n'aime que la peinture, mais à quoi bon aimer une chose pour laquelle on n'a aucun don ? Il est la proie de sensations formidables, de visions que ses mains sont impuissantes à restituer. Il passe de l'accablement à la frénésie. Il gratte, il déchire, il détruit, recommence, dans des accès de colère. La colère, son péché capital, peut-être le seul, mais de quelle force ! Elle lui fermera les portes, lui aliénera les bienveillances, l'enfermera dans la solitude. Mais sans cette colère fondamentale, terrible, où il puisera sa volonté et sa puissance, il ne serait pas devenu Cézanne. Pour l'heure, il s'ouvre de ses échecs à Zola, qui proteste. « Toi ! Ne pas réussir ! Je crois que tu te trompes sur toi-même[15]. » Il file toujours un mauvais coton, Zola. Il croyait voir débarquer Cézanne en mars 1860, mais une maladie de sa petite sœur Rose a encore retardé le projet. Et puis il y a le service militaire. Après le tirage au sort des conscrits, le 24 février 1860, Paul a été déclaré bon pour le service. Il faut lui trouver un remplaçant pour le faire exonérer. Ce sera chose faite au mois de juillet. Paul est soulagé. Qu'aurait-il fait dans l'armée pendant quatre ans ? Pour fêter cette émancipation, ou son accession à l'âge d'homme, il se laisse pousser la barbe.

Mais cette année 1860 est déprimante. Le père de Cézanne souffle le chaud et le froid. Vers la fin avril, il semble s'humaniser et laisse entrevoir à Paul la perspective d'un séjour à Paris. Cela ne calme pas le jeune artiste, dont l'humeur s'assombrit encore. Zola, qui se morfond à Paris dans un emploi subalterne aux Docks Napoléon, le conjure de se montrer diplomate. Mais le moyen de patienter quand les confrères sont déjà à Paris, Villevieille, Chaillan, oui, ce gros paysan de Chaillan est monté lui aussi à Paris, il travaille dans l'atelier du père Suisse, il copie des tableaux au Louvre, et Truphème va s'en aller à son tour. Il n'y a que lui, Cézanne, pour rester coincé à Aix par la volonté d'un père sadique. Sa rage est telle qu'il accueille avec une brutale grossièreté l'ami Baille, venu de Marseille lui rendre visite pour les vacances de Pâques. Baille en est bouleversé, blessé. Il se croit indigne de l'amitié de Cézanne parce qu'il n'est pas un artiste, lui, pas un élu. « Quand vous me verrez incapable d'exprimer l'art au-dehors, soit par la peinture, soit par la poésie, ne me croirez-vous pas indigne de vous ? » Zola, à distance, s'efforce d'arranger les choses. Que deviendrait-il si le trio se disloquait ? Il intercède auprès de Cézanne, déploie des trésors de tact pour amadouer l'ombrageux. Un fichu caractère. Capable d'indifférence et de dureté autant que d'accès d'enthousiasme et d'amitié. Mais ce petit Baille, avec ses airs raisonnables de gros bébé joufflu, qui ne parle que « position » et bonheur matériel, finit par l'indisposer, comme il agace Zola. La jeunesse passe vite. Certains sont bien prompts à liquider leurs rêves.

Cézanne lui-même est près de lâcher prise et de jeter ses pinceaux. Pourquoi pas le droit, une licence, une carrière tranquille d'avocat... Ils seraient tellement contents, tous, ils lui foutraient la paix... Mais aussitôt il se rue à nouveau sur la toile. Il ne peut vivre avec la peinture, ni sans elle : le symptôme même de la passion. Un jour il arrive à Paris, le lendemain il y renonce. Zola se fâche. « La peinture n'est-elle pour toi qu'un caprice qui t'est venu prendre par les cheveux un beau jour que tu t'ennuyais ? N'est-ce qu'un passe-temps, un sujet de conversation, un prétexte à ne pas travailler au droit ? Alors, s'il en est ainsi, je comprends ta conduite : tu fais bien de ne pas pousser les choses à l'extrême et de ne pas te créer de nouveaux soucis de famille. Mais si la peinture est ta vocation — et c'est ainsi que je l'ai toujours envisagée — si tu te sens capable de bien faire après avoir bien travaillé, alors tu deviens pour moi une énigme, un sphinx,

un je ne sais quoi d'impossible et de ténébreux[16]. »
Malin, Zola. Et de plus en plus dans la dèche. Il
ne mange presque plus, faute d'argent. Cette
année-là, il n'a même pas les moyens d'acheter un
billet de chemin de fer pour aller passer quelques
semaines à Aix.

Cézanne en fait n'a rien cédé aux pressions familiales. Il a complètement laissé tomber le droit. Face
à son père il s'obstine dans sa stratégie de résistance passive. Il peint, sans cesse, obstinément, partout, dehors, même en cet hiver où la terre gèle. Il
se peint lui-même. C'est de cet hiver 1861 que date
son premier autoportrait connu, d'après photo : il
est sombre, sévère, peu avenant, l'œil terrible. Il
peint son père aussi, de profil en train de lire le
journal. Le vieux grigou est peu flatté dans cette
peinture rugueuse, qui semble du Soutine avant la
lettre. Mais il a accepté de poser ! Puisqu'il y a un
peintre dans la famille, autant que cela serve à
quelque chose. On doute qu'il fut ébloui du résultat. Mais Louis-Auguste se rend, après une dernière
perfidie, une dernière méchanceté : il accuse Zola
d'avoir rendu son fils dévergondé, de lui avoir
planté dans la tête ces chimères d'artiste. Comme si
Émile, dans sa détresse, avait besoin de ces imputations. Il va répondre, écrire à Baille, au raisonnable
Baille, pour qu'il intercède en sa faveur. Mais c'est
inutile. Un matin de la fin avril 1861, il entend une
voix tonitruante crier son nom dans l'escalier de
son taudis de la rue Soufflot. Il ouvre la porte. Cézanne est là. Les deux amis s'étreignent avec force
jurons. Enfin !

À nous trois, Paris !

Cézanne n'est pas venu seul. Louis-Auguste a tenu à faire le voyage, à accompagner le petit, avec sa sœur Marie. Il veut voir, se rendre compte. Et Paris, c'est aussi sa jeunesse... Il repart avec sa fille deux jours plus tard, laissant à Paul une pension de 150 francs par mois. Juste de quoi ne pas crever de faim. Quant aux petites femmes, Paul ne risquera pas de leur faire grand mal. Il s'installe dans un meublé de la rue des Feuillantines.

Le choc de Paris est rude. L'empire de Badinguet a dix ans. Il règne une folie d'entreprendre, d'amasser, de jouir. Une décennie plus tard, dans *La Curée*, Zola fera le portrait charge de ce monde corrompu, vulgaire, des affairistes bâtissant des fortunes sur des combinaisons douteuses et l'exploitation du système d'achat des terrains à la ville. Le baron Haussmann est en train de redessiner Paris, de raser les vieux quartiers, ferments de sédition et d'insalubrité, de tracer de larges avenues rectilignes bordées de somptueux immeubles. Il s'agit de débarrasser le centre de Paris de son petit peuple, d'en faire la grande cité moderne qui éblouira le monde. Le luxe s'offre aux regards, les femmes s'offrent aux fortunes vite empochées, des chantiers pharaoniques surgissent de terre tandis qu'un monde interlope rivalise d'ostentation dans les cafés et les restaurants à la mode.

Cézanne est sonné. La quiétude somnolente d'Aix est loin. C'est Babylone. Le luxe, le stupre, le bruit. Et Zola qui vit dans cette misère noire, dans ce taudis aux murs si minces qu'on n'ignore rien de l'intimité douteuse des voisins, ni des ébats tarifés qui s'y pratiquent. Les deux amis s'en vont déjeuner dans un restaurant modeste des Fossés-Saint-Jacques. Cézanne inaugure son séjour par une colère dantesque : il n'y a pas d'huile d'olive sur la table ! Mais vite, il faut courir au Louvre, au Luxembourg, se gaver de peinture. Cézanne est ébloui. Que découvre-t-il ? Exactement ce qu'il ne sait pas faire — et que, pour son salut éternel, il ne fera jamais : Cabanel, Meissonier, Gérôme, tous les maîtres officiels, tenants de l'académisme le plus confit, mais qui lui font forte impression. « C'est épatant, esbroufant, renversant. » Admiration ? Envie ? Déjà un peu d'ironie ? Les deux compères poussent jusqu'à Versailles. Cézanne est enthousiaste. Désir de peindre, vite. Il se met aussitôt au travail et s'inscrit à l'académie Suisse.

Curieuse institution, l'académie du père Suisse, fondée par un ancien modèle qui souhaitait se faire une fin. Elle est établie dans l'île de la Cité, au coin du quai des Orfèvres et du boulevard du Palais. Le lieu n'existe plus depuis longtemps. Ce n'est pas une école : c'est un vaste atelier, crasseux, enfumé, mal éclairé. On n'y dispense pas de cours, mais on permet aux artistes, moyennent une somme très modique, de venir travailler d'après modèle. Les plus grands y ont fait leurs armes, Courbet, Delacroix… Chaque mois un homme sert de modèle les trois premières semaines, et la quatrième, une femme. Mais l'académie Suisse n'est pas seulement un atelier de travail commode : c'est aussi un lieu de rencontres, où se croise tout ce qui fera la peinture des prochaines décennies. Édouard Manet y est passé. Cette année, la trentaine approchant, il expose enfin au Salon. On y a vu aussi un jeune homme très prometteur, doué d'un œil exceptionnel, Claude Monet, qui fait son service militaire en Algérie. Et aussi un garçon un peu plus âgé, la trentaine, une crème d'homme, bon, généreux, amical, un certain Camille Pissarro.

Cézanne est mal à l'aise dans cette atmosphère, intimidé — donc furieux. Trop de visages nouveaux, de débats, de parlotes. Parler le fatigue. L'atelier Suisse est aussi un foyer de sédition — à tout le moins de contestation. On y raille le Salon, qui n'expose que des peintures conventionnelles — tout en rêvant d'en être car c'est le passage obligé, l'adoubement officiel, le seul moyen de se faire connaître. On critique l'Empire, son autoritarisme et ses vulgarités, la frénésie affairiste qui s'est abattue sur Paris.

C'est là que Paul fait la connaissance d'un curieux personnage, Aixois comme lui, Achille Emperaire. Le titulaire de ce nom grandiose est un nain bossu, dont le corps contrefait est surmonté d'une étrange tête de mousquetaire, où percent de beaux yeux noirs brillants comme des olives mûres. Cet abrégé de nature humaine est une énergie en marche. Habité d'un orgueil à la mesure de sa disgrâce, et d'une ambition dévorante, Achille ne rêve que de gloire. Il y a en lui du dandy et du monstre. Dix ans plus tard, Cézanne réalisera son portrait. C'est l'un de ses tableaux les plus troublants. Emperaire est juché sur un grand fauteuil, les pieds posés sur un parallélépipède en bois. Le regard d'Achille, rêveur et profond tout à la fois, part de biais. Ses petites jambes sont habillées d'un pantalon rose. Le dessin est d'une intensité tragique : le personnage, main pendante, est pathétique, perdu. Mais les couleurs sont fortement contrastées : pour le nain, un vêtement d'intérieur bleu vif, un foulard rouge, des teintes triomphales comme un sacre. Emperaire est un roi sur son trône, autant qu'un Christ des douleurs... Le sujet de prédilection de ce nabot, l'unique objet de sa flamme créatrice, c'est la femme. Chaque jour, après s'être pendu une heure au trapèze pour tenter d'allonger sa petite taille, il dessine inlassablement des seins, des croupes, tout un paradis de chair auquel il n'accède que par ce moyen. De dix ans son cadet, Cézanne ne l'a jamais croisé à Aix, bien qu'Emperaire ait suivi, des années avant lui, les cours du père Gibert. Cela fait maintenant quatre ou cinq ans qu'il s'est installé à Paris, survivant d'expédients, se débattant dans une misère sordide, frustré dans ses désirs à cause de sa difformité, mais animé d'un feu inextinguible pour la peinture. Paul et Achille se reconnaissent de la même race et sympathisent aussitôt. Ensemble ils arpentent le Louvre, étrange assemblage, débattent, s'engueulent, s'adorent. Cézanne vénère Delacroix ; Emperaire le tient pour un barbouilleur et ne jure que par le Tintoret. Qu'importe, avec Achille on peut au moins parler peinture, mieux qu'avec Émile qui n'y entend rien, ne voit rien, qui se fera critique de peinture par obligeance, par amitié, mais dont le mauvais goût finira par navrer Paul, avant la catastrophe définitive.

Mais Cézanne, malgré les rencontres, malgré la peinture, sent vite poindre le découragement. Il y a tant à faire, c'est insurmontable. Sa nature mélancolique reprend le dessus. À Aix il rêvait de Paris, il s'est battu pendant trois ans pour y venir ; à Paris Aix lui manque et il rêve d'y retourner, de retrouver les siens et le cocon du foyer. Il en sera ainsi toute sa vie, au gré de ses allers et retours entre Paris et la Provence. « Je croyais en quittant Aix laisser loin derrière moi l'ennui qui me poursuit. Je n'ai fait que changer de place et l'ennui m'a suivi. » Zola se fâche, proteste, veut croire que la fête n'est pas tout à fait gâchée. L'attitude de Cézanne, ce gosse de riche, le scandalise, lui qui manque de tout, qui se bat pour survivre et réussir. Il plaide, cherche à convaincre Paul, qui rentre dans sa coquille. Les bavardages d'Émile, le côté mère poule d'Émile, qui a tout l'air de vouloir lui « mettre le grappin dessus », sa hantise.

Cézanne n'écoute rien ni personne quand il s'agit de lui-même.

Prouver quelque chose à Cézanne, écrit Zola à Baille, ce serait vouloir persuader aux tours de Notre-Dame d'exécuter un quadrille. Il dirait peut-être oui, mais ne bougerait pas d'une ligne... Il est fait d'une seule pièce, raide et dur sous la main ; rien ne le plie, rien n'en peut arracher une concession. Il ne veut pas même discuter ce qu'il pense ; il a horreur de la discussion, d'abord parce que parler fatigue, et ensuite parce qu'il lui faudrait changer d'avis si son adversaire avait raison... Au demeurant, le meilleur garçon du monde[1].

Zola pourtant s'accroche à l'amitié. Mais Paul va son train, fuit, se ronge, persuadé qu'il est un raté. Louis-Auguste n'a pas si mal joué : il l'a laissé faire pour qu'il macère un peu dans son jus, et constate d'expérience sa propre nullité. Paul déménage, se fuit lui-même, s'en va séjourner à Marcoussis, Seine-et-Oise. Zola se désespère, maudit ses amis de leur défaitisme. Lui ne dérogera pas, ne reniera rien de sa jeunesse, ne renoncera pas à l'œuvre qu'il entrevoit. Mais bon Dieu, que c'est dur...

En août, Cézanne revient de son séjour campagnard, un peu rasséréné. Il semble disposé à changer d'attitude : il ne lâche plus Zola d'une semelle. Il parle plus que jamais de repartir pour Aix, comme attiré, aspiré par l'image de son père, cette ombre terrifiante, déchiré, accablé par la désapprobation de Louis-Auguste qui n'a pas relâché sa pression. Il est vide, exsangue, il va rentrer à Aix, prendre un emploi, n'importe quoi, renoncer définitivement à cette fichue peinture qui lui arrache les tripes et l'âme. Zola tente une dernière ruse : il demande à Paul de faire son portrait. Paul s'enthousiasme et saute sur ses pinceaux. Émile pose, patient comme une rosière, essuyant les fureurs de Paul qui, décidément, n'y arrive pas. Rien à faire, c'est fini, bien fini. Il crève rageusement le portrait de Zola et entasse ses affaires dans la malle. Quelques jours plus tard, Louis-Auguste lui ouvre les bras, avec une affection un peu ironique. Le premier séjour de Paul à Paris a duré six mois.

*

Paul est un jeune homme romantique, hanté par le désir d'être différent. Mais il a aussi envie d'être comme tout le monde. Il retrouve avec plaisir sa mère, ses deux sœurs, et même son père qui triomphe, narquois, sur le mode du « je te l'avais bien dit ». Paul joue le jeu. Peut-être même est-il sincère. Il accepte d'entrer à la banque pour y apprendre le métier de manieur d'argent. Il s'enferme dans les bureaux poussiéreux de la banque Cézanne et Cabassol, rue Boulegon, aligne des chiffres, apprend l'aride jargon de la finance, et la sinistre réalité d'un monde où l'on parle d'argent et des moyens les plus efficaces d'en gagner, donc de friponner ses contemporains. Cézanne bâille. Il n'y comprend rien. Quel ennui ! Il pense à Paris. C'était bien, Paris, l'académie Suisse, les musées, ce nabot fou d'Achille Emperaire, ce pauvre Zola. Que devient-il, Zola ? Plus de nouvelles.

Baille est à Paris, lui aussi. Cette tête d'œuf a été reçue à Polytechnique. Paul a fait une belle bêtise de s'en aller si vite. N'est-il qu'un instable, un velléitaire, un enfant gâté, un raté ? Dès qu'il peut, il reprend ses longues marches solitaires dans la campagne aixoise. Le fils du patron peut se permettre quelques manquements à l'assiduité. Le patron observe et laisse faire, perplexe. Paul, c'est plus fort que lui, recommence à griffonner. Il a même racheté des couleurs et des toiles. Il a repris ses cours à l'école de dessin. Il fréquente Numa Coste. Il a même tracé sur un livre de comptes ces deux vers moqueurs :

> Cézanne le banquier ne voit pas sans frémir
> Derrière son comptoir naître un peintre à venir.

Louis-Auguste sent venir sa défaite définitive, et il sait que cette fois il ne pourra rien empêcher. L'argent et les chiffres n'intéressent pas Paul, on ne donne pas à boire à un âne qui n'a pas soif. À l'école de dessin, Cézanne devient à sa façon un petit maître. Il a réalisé quelques études de nu masculin de fort bonne tenue. On a beau être peu au fait des choses de l'art, il est des évidences devant lesquelles il faut se rendre. Louis-Auguste, qui est le contraire d'un imbécile, peut avoir des initiatives surprenantes : il fait aménager un atelier au Jas de Bouffan, et même percer une fenêtre pour laisser entrer la lumière. De quoi patienter pendant cet hiver 1862, tandis qu'à Paris Zola grelotte dans son taudis. Au moins, si un jour il décrit la misère, saura-t-il de quoi il parle. « Je crois même que je grandis dans la souffrance. Je vois, j'entends mieux. De nouveaux sens qui me manquaient pour juger de certaines choses me sont venus[2]. » Lui aussi, à sa façon, est sur le motif, et il paie de sa personne, cash.

Zola finit par s'agréger à un petit groupe qui publie un journal, *Le Travail*, feuille contestataire qui voue l'Empire aux gémonies, d'ailleurs surveillée de près par la police, dirigée par un jeune homme aux idées d'extrême gauche très arrêtées, un certain Georges Clemenceau. Ce Vendéen autoritaire, qui ne recule devant aucune plaisanterie, aucun jeu de mots vachard ou salace, déjà coureur de jupons invétéré, a tout du meneur d'hommes. Il fait profession d'anticléricalisme, et les vers idéalistes de Zola lui arrachent quelques ricanements. Mais il est généreux, et il sent du tempérament chez ce zozoteur emprunté. Zola ne fait pas la fine bouche : même si *Le Travail* n'a pas bonne presse auprès des autorités, tout est bon quand on cherche à se faire connaître. Zola ne porte plus guère Cézanne dans son cœur. Paul a renoncé, lui aussi, il s'est rangé, toutes ses belles ambitions n'étaient qu'un feu de paille, une passade d'enfant gâté. Peut-on être aussi médiocre, trahir sa jeunesse à vingt ans ? Il ne sait pas que Cézanne s'est remis furieusement à peindre. En janvier 1862, divine surprise, il reçoit une lettre de son ami : Paul va revenir à Paris dès le mois de mars. Zola saute sur sa plume pour lui dire sa joie, son amitié. Émile est un tendre, un affectueux. Il a cru perdre Paul, Paul revient, il fond :

Mon cher Paul, voici longtemps que je ne t'ai écrit, je ne sais trop pourquoi. Paris n'a rien valu à notre amitié ; peut-être a-t-elle besoin pour vivre gaillardement du soleil de Provence ? Sans doute, c'est quelque malheureux quiproquo qui a mis du froid dans nos relations[3]...

Cézanne a compris, en tout cas. On ne l'y prendra plus à jouer les raisonnables. Il se connaît désormais. Il est angoissé, instable, mal embouché, il ne sait se fixer nulle part, son caractère est peu amène, son physique peu séduisant, il ne réussira pas en faisant le joli cœur, comme un gandin à la mode. Son seul salut ? Être lui-même, et peindre. Il retournera à Paris, mais jamais, jamais il ne renoncera à Aix. Cela aussi il l'a compris : il a besoin d'Aix, de cette lumière, de ces contours violents et contrastés, de ces couleurs franches qui prennent forme sur la toile par grandes masses. Il lui faut l'enfer pour mieux goûter le paradis : l'enfer et le paradis sont Aix et Paris, Paris et Aix. Il retarde son nouveau départ. Il n'est pas prêt, il prend son élan. Il ne supporterait pas un nouvel échec.

Zola patiente. Sa situation s'améliore quelque peu. Il est entré chez Hachette comme manutentionnaire ; on a repéré ses talents et on l'a transféré au service de la publicité. Bonne école quand on veut se rompre aux mécanismes putassiers qui font les carrières. Son statut de modeste salarié n'est guère exaltant. Il prend sur ses nuits pour écrire, écrire encore. Il commence *La Confession de Claude*, roman de formation, violent, fortement autobiographique, plein du ressentiment des misères traversées. L'été 1862, il passe quelques semaines à Aix auprès de Cézanne qui peint (par délicatesse ?) une vue du barrage des Infernets conçu par M. Zola père.

Cézanne prépare son nouveau départ pour Paris, en butte à l'hostilité de sa famille. La mère, les sœurs, le père, ils s'y mettent tous. Mais il tient bon. Cette fois, il se présentera à l'examen d'entrée de l'École des Beaux-Arts. Justement, le sujet du concours est publié : « Coriolan supplié par sa mère Vitruve ». Bien digne des vieux crabes de l'art officiel. On est loin des couleurs somptueuses, de la lumière violente des Infernets, mais s'il le faut vraiment... En novembre 1862, Cézanne est de nouveau à Paris.

Le refusé

Oui, Paul a compris. Il ne se laissera pas submerger par Paris, vaincre par la mélancolie, la nostalgie ou le découragement. Il n'y aura pas de troisième chance. La vraie vie, c'est maintenant. Il prend une chambre tout à côté du jardin du Luxembourg, et s'empresse de s'inscrire de nouveau à l'académie Suisse. Il y travaille, assidûment, tous les matins. Et bien sûr il retrouve Zola, et Baille, désormais parisien. Le trio est reformé, on oublie les querelles, les mauvaises pensées de l'absence. Une telle amitié ne pouvait mourir.

Zola, de son côté, saisit sa chance. Le poste qu'il occupe dans la publicité chez Hachette est un lieu stratégique pour rencontrer des écrivains. Il voit défiler le gros Sainte-Beuve, qui signe ses redoutés *Lundis*, Michelet — Michelet ! L'homme dont les phrases sur l'amour idéal les a tant fait rêver, Renan, une des intelligences les plus aiguës de son temps, qui a énoncé cette vérité définitive selon laquelle une religion est une secte qui a réussi son coup ; le vieux Lamartine revenu de tout, de la poésie, de la politique et de lui-même. Zola commence à comprendre que la poésie ne paie guère, que les temps du poète héros sont bien morts. Hugo lui-même, le grand Hugo, qu'écrit-il dans son exil de Guernesey ? Des romans. Il vient de publier, avec un succès fracassant, *Les Misérables*. C'est la voie qu'il faut suivre : raconter le monde tel qu'il est, émouvoir, faire pleurer. Zola écrit des nouvelles : il finira bien par trouver à les publier.

Et dans le domaine de la peinture, où en est-on ? Cézanne ne jure que par Delacroix : il a trouvé son héros. Mais Delacroix a mauvaise presse. Une peinture trop violente, trop crue, trop colorée, trop tout. On (c'est-à-dire les eunuques de l'art officiel) lui oppose Ingres, que Cézanne juge « très fort, mais bien emmerdant », ses chairs blafardes, ses formes sagement courbées, sa fadeur convenable. Et s'il n'y avait qu'Ingres ! La peinture qu'on vénère est comme anémiée, sans suc, sans sève, endimanchée, encombrée d'ornements grotesques. Cézanne a bien changé : il n'admire plus naïvement les réussites officielles. Quelque chose en lui regimbe. On ne le bluffera plus avec ces chloroses. Il va se présenter aux Beaux-Arts, mais une voix intérieure lui intime le refus de jouer le jeu, d'en passer par cet affadissement. Mauvaise tête, esprit rebelle — déjà. « Pourtant, la nature est belle », maugrée-t-il. Oui, on peut en faire bien autre chose que tout cela. La nature, ce ne sont pas seulement les arbres, la pierre, le ciel. C'est aussi la femme, ce mystère absolu, source d'angoisse, objet de désir. Cela vient du plus profond de son être : si la peinture ne sert pas à vous exprimer tout entier, à quoi bon ? Il cherche en se cherchant. L'exemple de Delacroix lui autorise des hardiesses de coloris qui ressemblent à sa nature profonde. Il barbouille, étale les couleurs, gratte. Cela vient bien mal. Ses anatomies sont des monstres de réalisme maladroit, empâtements, couleurs criardes sur des fonds sombres, tout un monde intérieur qui dit son angoisse et son formidable besoin de formes inédites. Il force les traits, travaille au couteau, étale sur la toile des volumes fortement contrastés. Entre le désir de réalité et les tourments d'une âme éprise d'idéal, les résultats révèlent le tempérament, mais l'habileté, le « métier » restent largement à conquérir.

N'importe, il se sent bien, il est entouré. « Je travaille avec calme, je me nourris et dors de même », écrit-il à Numa Coste. Il a repris ses escapades avec Zola — cette fois dans la campagne de l'Île-de-France. Le dimanche, ils prennent le train à la première heure, racontera Zola, « Paul emportant tout un attirail de peinture, moi, j'avais simplement un livre dans la poche ». Ils descendent à la gare de Fontenay-aux-Roses, marchent jusqu'à la Vallée aux Loups, où s'attarde le souvenir de Chateaubriand.

Un matin, en battant le bois, nous étions tombés sur une mare, loin de tout chemin. C'était une mare pleine de joncs, aux eaux moussues, que nous avions appelée la mare verte, ignorant son vrai nom. [...] La mare verte avait fini par devenir le but de toutes nos promenades. Nous avions pour elle un caprice de poète et de peintre. Nous l'aimions d'amour, passant nos journées de dimanche sur l'herbe fine qui l'entourait. Paul en avait commencé une étude, l'eau au premier plan, avec de grandes herbes flottantes, et les arbres s'enfonçant comme les coulisses d'un théâtre, drapant dans un recul de chapelle les rideaux de leurs branches, des trous bleus qui disparaissaient dans un remous, lorsque le vent soufflait. Les rayons minces du soleil traversaient les ombrages comme des balles d'or, et jetaient sur les gazons des palets lumineux, dont les taches rondes voyageaient avec lenteur. Je restais là des heures sans ennui, échangeant une rare parole avec mon compagnon, fermant parfois les paupières et rêvant alors, dans la clarté confuse et rose qui me baignait[1].

Page « impressionniste », comme l'est, sans le formuler encore tout à fait, la sensibilité artistique de l'époque, hantée de nature, d'eau et de lumière, comme ne le sera pas tout à fait Cézanne, obstiné déjà à tracer sa propre route. Mais sans doute ce début d'année 1863 fut-il l'un des moments les plus heureux de sa vie. Le printemps est glorieux, les filles légères et ravissantes, Cézanne a noué de solides amitiés. En premier lieu avec Camille Pissarro, le bon Pissarro, qui peint paisiblement de lumineux paysages, homme tout empreint de sagesse, vivant dans la certitude tranquille que la beauté peut sauver le monde et qu'il faut prendre sa modeste part à cette entreprise. Avec Guillemet aussi, point tout à fait de la même trempe, jeune, insouciant, et riche car fils d'un négociant en vins qui ne mégote pas sur le montant de sa pension — mais jovial, coureur, bon vivant, un peu trop désinvolte pour avoir laissé une œuvre originale, mais qui fera une honorable carrière académique.

Cézanne manque son examen d'entrée aux Beaux-

Arts, aux « Bozarts », comme il dit. Un membre du jury, effrayé : il peint avec excès. Bien vu. Cézanne fulmine, écœuré, révolté. Un peu inquiet, aussi. Que va dire Louis-Auguste ? S'il allait lui couper ses maigres vivres ? Il est venu à Paris en janvier, Louis-Auguste, il a affronté les trente heures que dure le voyage en train depuis Aix pour régler quelques affaires, mais aussi pour rappeler à Paul qu'il entend bien le voir se présenter au concours, et le réussir. Tant qu'à devenir peintre, autant passer par les fourches Caudines de l'art officiel, c'est plus convenable. Cézanne est accablé.

Pissarro est là pour le consoler. Ce n'est pas un excité, Pissarro, mais il a le jugement solide et pondéré : l'enseignement des Beaux-Arts serait de toute façon pour Cézanne une perte de temps, il risquerait même d'y gâter sa nature.

*

Car la peinture, comme tous les arts, est l'objet d'âpres luttes, d'enjeux de pouvoir considérables. En matière d'art et de goût, comme en toute chose, la bourgeoisie triomphante a supplanté la vieille aristocratie, qui s'est autodétruite par le persiflage et l'inconscience de son inutilité, mais qui, du haut de ses mille ans d'histoire et chez ses membres les plus éclairés, jouissait d'une vue assez large pour supporter, et encourager quelquefois, les conquêtes de l'esprit. En France, c'est aussi l'aristocratie qui fit les Lumières. De cet esprit des Lumières ne reste plus qu'un bas matérialisme qui entend confiner l'art dans une fonction utilitaire, décorative, accessoirement édifiante et bientôt spéculative. Les enfants des révolutionnaires de 89 sont devenus des bourgeois à goussets, et l'art est étroitement surveillé. La bourgeoisie, tout à son obsession de s'ennoblir et de s'emparer des « valeurs éternelles », s'enkyste dans la célébration d'un passé mort. L'art doit être à son service pour chanter les fausses grandeurs, et orner d'images convenables les murs de ses nouvelles demeures. De la peinture de l'âge démocratique, on attend qu'elle plaise au plus grand nombre, répétant à l'infini des sujets et des procédés qui ne choquent pas la sensibilité commune. Le rendez-vous annuel du Salon remplit ces fonctions abrasives et émollientes. Son jury, à l'instar de certaines institutions culturelles ou médiatiques d'aujourd'hui, régente le goût commun avec une incompétence hargneuse. Le jury du Salon est un panier de crabes où macèrent les ambitions, les collusions, les combines. Comme certains jurys de prix littéraires contemporains qui couronnent sans lire des livres ineptes, les membres du Salon choisissent sans voir, au gré des luttes d'influence. Pour éviter bévues ou impairs, on y admet tout de même d'office les académiciens, et les artistes ayant obtenu des récompenses aux Salons précédents. Comme toutes les forteresses assiégées, car ce magistère excessif soulève de vives protestations, le jury du Salon se réfugie dans une attitude ultra-conservatrice. En cette année 1863, ses choix ont été si absurdement réactionnaires, tant d'artistes sont refusés (plus de trois mille œuvres, y compris celles de Pissarro, qui avait pourtant été exposé au Salon quatre ans auparavant) qu'un vent de révolte gronde vers la fin du mois d'avril, avant l'ouverture du Salon début mai. Le bruit est tel qu'il parvient aux oreilles de l'empereur. Badinguet se déplace en personne des Tuileries au Salon de l'Industrie, afin de constater *de visu* les raisons de ce tumulte : il demande à voir les œuvres refusées et décide, dans sa grande libéralité, qu'elles seront également présentées au public. Le geste est d'un fin politique : il désamorce un début de rébellion dont on a tout intérêt à se passer. L'« Exposition des ouvrages non admis » ouvre ses portes au public le 15 mai, dans une autre partie du Palais de l'Industrie.

À l'annonce de ce « salon *bis* », le scandale est considérable. On se moque, on bafoue l'autorité du jury ! Du coup, les peintres recalés eux-mêmes hésitent. Exposer malgré l'avis des officiels, disent les plus timorés, c'est risquer de justifier leur choix. Méritait-on à ce point d'en être ? On craint les moqueries, les sarcasmes, sans imaginer à quel point ces appréhensions vont être justifiées.

Les plus hardis cependant n'hésitent pas. C'est l'occasion ou jamais, et même si ce cadeau vient de l'empereur lui-même, on serait mal avisé de faire la fine bouche. Cézanne expose deux tableaux qui ne retiennent guère l'attention, mais il est aux premières loges pour soutenir ses amis. L'ouverture de ce Salon d'un nouveau genre a bénéficié d'une publicité tapageuse, et l'on se presse à son inauguration : sept mille visiteurs dès le premier jour. La manifestation dépasse en fréquentation celle du Salon officiel. Six cents toiles sont accrochées sur les trois mille refusées par le jury. On vient rire en famille. Les organisateurs du Salon, vexés de la décision impériale, se sont cruellement ingéniés à exposer aux meilleures places les pires croûtes — et ils en ont trouvé beaucoup, car il ne suffit tout de même pas d'être refusé pour avoir du génie. On rivalise de commentaires spirituels dans un brouhaha permanent, un grondement d'émeute. On convie les dames pour faire l'amusant à peu de frais. La presse se déchaîne : le Salon de l'empereur est celui des Proscrits, des Vaincus, des Comiques, des Refusés. Voilà une bonne trouvaille, les Refusés : elle restera dans l'histoire.

Naturellement, Cézanne discerne vite, parmi beaucoup d'œuvres médiocres, de réels coups de tonnerre dans le ciel de la peinture, au premier rang desquels une toile qui s'attire les sarcasmes scandalisés d'un public ivre de surenchère moqueuse : *Le Bain* d'Édouard Manet, rebaptisé aussitôt *Le Déjeuner sur l'herbe* par dérision. Qu'y voit-on ? Au premier plan deux hommes habillés, mollement vautrés dans l'herbe, entourent une femme nue, assise, qui semble contempler le public d'un air indifférent et vaguement provocant. Les restes d'un repas, sur la gauche du tableau, sont traités comme une nature morte. À l'arrière-plan, une autre femme à demi dévêtue est occupée à des ablutions intimes. Des aplats de couleur pure, sans ombre ni modelé, accentuent la crudité de la scène et lui confèrent sa luminosité. Le sujet est scandaleux, la nudité ici n'est pas noble, mais montrée dans une quotidienneté quelque peu luxurieuse, par le contraste choquant des deux hommes habillés en compagnie de femmes nues. Que font ces deux couples ? Qu'ont-ils fait ? Que vont-ils faire ? L'empereur lui-même, dont l'érotomanie est pourtant avérée, a jugé la toile « indécente ». Mais ce qui choque plus encore peut-être, c'est la manière. On reproche à Manet ses couleurs sales, l'absence de contours qui sont « les limites naturelles de la couleur ». On lui reproche même une composition banale et bâclée, sans s'apercevoir que le groupe central est inspiré d'une gravure de Raphaël et d'un tableau de Giorgione. Mais quand on veut noyer son chien... Cézanne et Zola, cependant, ne s'y trompent pas. Cézanne surtout est bouleversé devant cette façon nouvelle de voir et de représenter, devant cette technique à la fois libre et raffinée, tout en opposition, en contrastes qui ne se livrent pas sous les conventions de l'académisme, cette sobriété sensible. Et ces chairs si vraies, si vivantes, « la justesse très délicate dans le rapport des tons entre eux »... Zola, quant à lui, trouve dans ce tableau « une sensation d'unité et de force », l'affirmation d'un tempérament, « un esprit puissant et particulier, une nature qui saisisse largement la nature en sa main et la plante tout debout devant nous, telle qu'il la voit ». Certes Zola n'est pas toujours d'une extrême subtilité ni d'une très grande compétence dans ses jugements artistiques, mais voilà une critique qui ne mange pas de pain. En Manet il a trouvé son héros. Finis, les évocations historiques, les grandes machineries mythologiques, les sujets édifiants ou bêtement anecdotiques. Du réel, nom d'un chien, des chairs sensibles, rendues à leur beauté imparfaite, mais si émouvante...

Cézanne exulte. Il sait, il sent que Manet ouvre une brèche, que d'une certaine manière il travaille pour lui, qu'il n'est plus seul. Un coup de pied au cul à ces couillons de l'art officiel, un souffle de liberté, servi par une technique étourdissante. L'enthousiasme chez lui se manifeste bruyamment. Il fait l'artiste. Il claironne ses convictions, sa haine du bourgeois et des impuissants de l'Académie, sa foi en l'art nouveau, avec force grossièretés et faconde, commentant d'une voix de stentor les merveilles qu'il découvre. Zola tente de le calmer. Ce n'est pas le moment de se mettre l'art officiel à dos, de se fâcher avec le petit monde des artistes qui sont à la fois juge et partie : quand on veut faire carrière, il faut ménager les sensibilités, car tôt ou tard il les retrouvera sur son chemin, tous ces imbéciles. Et ce genre qu'il affecte, chevelu, barbu, crasseux, attifé comme l'as de pique... Même Rubens et Vélasquez étaient des peintres de cour, ils savaient se tenir. La cour, aujourd'hui, ce sont les financiers, les bourgeois fortunés, les professeurs, fussent-ils des crétins. Il faut en passer par eux. Cézanne hausse les épaules, maugrée. Ne jamais se rendre. Il a trouvé son monde. Les officiels, il les emmerde. On se sent libre, quand on sait que la banque de papa prospère, même si on n'en profite que parcimonieusement.

Ce Salon des Refusés a soudé les complicités. Au moins sait-on ce que l'on exècre. Les jeunes artistes qui veulent pousser les vieilles barbes dehors, sur le mode éternel du pousse-toi de là que je m'y mette, ne sont pas encore une école, ils sont déjà une bande. Dépenaillée, indocile, rigolarde, et ne rechignant pas à l'ouvrage. Comme ce Frédéric Bazille, que Guillemet a présenté à Cézanne, un jeune homme mélancolique et doux, fils d'une famille protestante du Languedoc, que Cézanne adopte comme un frère. Bazille partage un atelier avec un jeune peintre qui tire le diable par la queue, qui a survécu depuis ses treize ans avec des travaux de peinture alimentaire, Auguste Renoir. C'est un petit jeune homme aux idées fort arrêtées. Étudiant aux Beaux-Arts, il a réussi le concours, lui, mais il n'est guère docile avec les prescriptions : ses toiles éclatent déjà de couleur, de lumière, il peint avec une volupté de sensuel, et il a même l'outrecuidance d'y prendre plaisir. « C'est sans doute pour vous amuser que vous faites de la peinture ? » lui demande son professeur, excédé. « Mais certainement, et si ça ne m'amusait pas, je vous prie de croire que je n'en ferais pas ! »

Mais l'une des personnalités les plus fortes de ce groupe de jeunes rapins, c'est Claude Monet, à peine rentré de son service militaire à Alger. Lui aussi est révulsé par la peinture académique que l'on entend lui enseigner, et il agit comme un chef de file poussant ses camarades, Renoir, Bazille, Sisley, un jeune Anglais échappé de son milieu familial fortuné, à se révolter contre les oukases de l'art officiel qui ne jure que par l'antique, et pour qui l'orteil d'un dieu doit avoir plus de noblesse que celui d'un cordonnier. Cézanne fréquente ce groupe, il est un des plus virulents. Il porte un gilet rouge, comme Théophile Gautier à la bataille d'*Hernani*. Il est romantique avec quarante ans de retard, réaliste par conviction et par nécessité. Il est surtout lui-même. Ses toiles trahissent ses combats intérieurs et les tumultes qui l'agitent, la sourde lutte qui l'oppose à l'image de son père et aux désirs sensuels qui le hantent sans qu'il les assouvisse jamais. Jamais, vraiment ? C'est une autre affaire.

Il est amoureux. Errant dans Paris, s'offrant quelquefois une sieste sur un banc, dans la chaleur de cet été 1863, ses chaussures sous la tête en guise d'oreiller, il a fait la connaissance d'une jeune personne qui vend des fleurs place Clichy. Ou bien est-ce un peu plus tard, vers l'automne ? Toujours est-il que cette petite fleuriste lui fait forte impression. C'est une beauté charnue, triomphale, plébéienne, de celles qui inspirent des désirs violents. A-t-elle été sa maîtresse ? L'honnêteté oblige à dire que nous ne sommes sûr de rien, mais que c'est très probable. Nous savons qu'il a réalisé son portrait, attiré par ses traits pleins et ses formes idéales. Il s'est même coupé la barbe et, comme l'écrit Zola à Baille, « il en a consacré les touffes sur l'autel de Vénus victorieuse ». Elle s'appelle Gabrielle-Eléonore-Alexandrine Meley.

Zola, se son côté, a considérablement amélioré sa situation. Il fait son chemin chez Hachette. Il habite maintenant rue des Feuillantines, dans un appartement de belle apparence. Il y réunit ses amis une fois par semaine, le jeudi. Déjà homme de lettres, sinon chef d'école. L'ambiance est chaleureuse et enfumée. Il y a là les Aixois, dont un nouveau, Valabrègue, jeune homme pensif qui séjourne souvent à Paris et cherche à faire connaître ses vers délicats ; mais aussi les proches, Pissarro ou Guillemet. On se tient chaud, on rêve de gloire, elle est là, à portée de plume et de pinceau, on est l'avenir. Cézanne vient aussi. Accompagné de sa belle ? Probablement pas : ce sont des réunions d'hommes. Mais Zola, sans doute par l'imprudente entremise de Paul, a rencontré Gabrielle. Il en a éprouvé un choc puissant. On sait, depuis Proust et quelques autres, qu'il ne suffit pas d'être deux pour désirer : il faut souvent être trois. Cézanne et Zola sont deux balourds dans le champ amoureux. Peut-être furent-ils rivaux dans les modestes péripéties de ces amours quasi ancillaires. Une petite marchande de fleurs. Cézanne et Zola ont toujours frayé avec des femmes d'une condition inférieure à la leur, réflexe de timides pour qui il est plus rassurant d'honorer la servante. Plus tard, Cézanne paiera cette modestie par une vie conjugale calamiteuse, faite d'éloignement et d'incompréhension. Peut-être cette rivalité commença-t-elle de jeter une ombre sur leur amitié, qui ne s'achèvera que vingt ans plus tard. Zola, zézayant, rougissant, tourne autour de Gabrielle comme un chat affamé. Cette fille le rend fou, lui qui a une « passion de chaste pour la chair de la femme, un amour fou des nudités désirées et jamais possédées ». Mais il n'a pas la sauvagerie de Cézanne, sa brutalité incommode, son orgueil de solitaire qui ne demande rien. Son statut de presque écrivain, la petite bande dont il s'entoure lui confèrent un certain prestige. La belle Gabrielle devient sa maîtresse, sans doute au début de l'année 1864. Elle deviendra aussi Mme Émile Zola. Un bonheur n'arrivant jamais seul, Zola vient de signer un contrat pour ses *Contes à Ninon*. En voilà un qui sort un peu la tête hors de l'eau.

En juillet, Cézanne repart pour Aix. Il a encore été refusé par le Salon. Delacroix est mort l'année précédente. Et si c'était à lui de prendre le relais ?

Allers et retours

Paul retrouve Aix, la famille et ses macérations odieuses, une atmosphère de suspicion et de surveillance. À Paris, les siens lui manquaient. À Aix, il ne les supporte plus au bout de trois jours. Si au moins ils le prenaient au sérieux. Mais décidément la peinture n'est qu'un passe-temps, un caprice d'enfant gâté. Qu'a-t-il fait à Paris ? L'artiste, c'est-à-dire le pas grand-chose. Son père lui fait la tête, sa mère le choie, terrifiée à l'idée qu'il pourrait repartir. Quant à sa sœur Marie, ce n'est guère brillant. À vingt ans, peu avenante, elle ressemble déjà à la vieille fille qu'elle restera. Il semble que la famille ait rejeté pour son malheur, et le bonheur des églises d'Aix, les offres d'union d'un officier de marine. Les officiers de marine, c'est bien connu, sont soit cocus, soit coureurs, quelquefois les deux. On espérait mieux, mais le mieux ne s'est pas encore présenté, et ne se présentera jamais. L'argent du père ne fait pas tout. Marie se console dans une religiosité qui tourne à la bigoterie. Et elle transforme son besoin d'amour en tyrannie implacable. Sa petite sœur Rose en fait les frais, mais

Paul lui-même doit se débattre contre ces débordements d'affection inassouvie et ce besoin pathologique d'enquiquiner son monde. Cela durera, en empirant, jusqu'à la fin des temps.

Paul s'échappe aussi souvent qu'il le peut. Il n'y a que dans son atelier du Jas de Bouffan qu'on lui fiche la paix. Il marche des heures durant dans la chaleur de l'été provençal, seul et maugréant. Il pousse jusqu'à l'Estaque, où sa mère loue une maison sur la place du village. Là il est bien. Ce sont des journées heureuses puisqu'il n'a personne à voir, personne devant qui se justifier. Il travaille. Sans filet, sans références, sans maître sur qui s'appuyer. Il n'a jamais connu ceux qu'il vénère. Juste un Gibert comme professeur, ce n'est pas grand-chose. Delacroix est mort avant qu'il puisse le rencontrer. Ses amis de Paris ? Il aime Pissarro, il le respecte, c'est un grand frère, un ami précieux. Ils regardent dans la même direction, mais pas de la même manière. Paul a un besoin physique de matière, de travailler sa toile au couteau, de la sculpter. Il utilise une quantité considérable de peinture. Les tubes vides s'accumulent dans son atelier du Jas de Bouffan où règne un désordre d'apocalypse. Il continue à peindre les murs du grand salon, comme Raphaël ceux du Vatican. Sur cette surface il s'assagit, peint d'après gravure, s'applique à un classicisme de bon aloi. Mais sur la toile il se déchaîne, superpose les couches de couleurs, suant et jurant, lacère son travail quand le résultat lui déplaît, l'envoie rejoindre ses autres essais avortés, recommence. Un beau gâchis. C'est à ce prix qu'on peut trouver sa voie, inventer ce qui n'existe pas encore. Car Paul prend peu à peu conscience du drame qui sera son salut artistique. Copier ne l'intéresse pas, à supposer qu'il en soit capable. Pour être, il lui faut faire ce que nul n'a jamais vu, ce qu'il ne fait lui-même que pressentir. La matière… Les strates, l'épaisseur des choses qui sont la mesure du temps, ce bruissement puissant de la nature qui résonne en lui quand il se retrouve devant la formidable masse de Sainte-Victoire…

Parmi les quelques rares personnes qu'il fréquente à Aix se trouve justement un jeune homme dont il vient de faire la connaissance. Fortuné Marion est un naturaliste qui étudie les fossiles dont la campagne aixoise offre un riche échantillonnage. Il deviendra directeur du musée d'Histoire naturelle de Marseille. Marion est de ces esprits ardents qui vibrent pour la science autant que pour la poésie, la musique ou la peinture. Il est subjugué par Cézanne, sa volonté, sa force. Dans sa peinture, dans les empâtements que Paul accumule sur ses toiles, il voit l'équivalent des lois qui présidèrent à la création du monde. Paul est un démiurge, une force en marche, qui a lancé un défi à la nature entière. Marion lui explique la géologie, les âges de cette terre provençale. Ils peignent côte à côte, car Marion se pique aussi, modestement, de peinture. Cézanne écoute. Le paysage entre un peu plus en lui. Cette force qui vient de si loin, ces millions d'années, ce vertige, comment en rendre la présence écrasante ? « C'est effrayant, la vie. »

En octobre 1864, il reçoit un exemplaire des *Contes à Ninon* de Zola. Zola s'agite. Pas question de laisser retomber le soufflé. Il faut saisir chaque opportunité, faire feu de tout bois, guetter le moindre frémissement de la critique, c'est ainsi qu'on fait carrière et que, petit à petit, on pousse ses pions. C'est son côté popote : ne rien laisser perdre, rebondir sur le moindre rocher. Cela ne lui réussira pas trop mal. « À présent il me faut marcher, marcher quand même. Que la page écrite soit bonne ou mauvaise, il faut qu'elle paraisse... Chaque jour ma position se dessine mieux ; chaque jour je fais un pas en avant. » Son livre arrive même jusqu'à Aix l'endormie. Un Aixois réussit, un Aixois perce à Paris ! Il sait y faire, lui, pas comme ce Cézanne, enfermé dans son Jas de Bouffan, brisant ses pinceaux quand la matière lui résiste. Mais comme l'écrit Paul à Numa Coste en février 1864 : « Quant à moi, mon brave, j'ai cheveux et barbe plus longs que le talent. Pourtant, pas de découragement pour la peinture, on peut faire son petit bout de chemin, quoique soldat[1]. »

*

Six mois en Provence, c'est tout ce qu'il peut supporter. Le voilà de nouveau à Paris au début de l'année 1865. De grandes batailles se préparent, qu'il ne faut manquer à aucun prix. Il séjourne à

Saint-Germain-en-Laye. À Paris, il loge (signe du destin ?) dans un vieil immeuble du Marais, 22 rue Beautreillis, là même où Baudelaire a vécu voici quelques années avec sa maîtresse Jeanne Duval. Baudelaire à qui la morale bourgeoise a fait un mauvais procès pour obscénité à la publication de ses *Fleurs du mal*. Baudelaire que Cézanne vénère, dont il connaît par cœur des strophes entières... Cézanne a trouvé ce logement grâce à Oller. Francisco Oller y Cestero est un jeune peintre d'une trentaine d'années né à Porto Rico, un élève de Courbet. Cézanne l'a connu à l'atelier Suisse. C'est avec Oller, cette année-là, qu'il présente deux toiles au Salon. Elles « feront rougir l'Institut de rage et de désespoir[2] », écrit Cézanne à Pissarro le 15 mars. Il est bon prophète : les toiles qu'il dépose « à la baraque des Champs Elysées » sont en effet refusées. Deux paysages de Pissarro sont acceptés, ainsi qu'une toile d'Oller. On force les portes, l'horizon s'éclaircit, mais ce n'est pas encore son tour. Viendra-t-il jamais ?

L'événement du Salon, cette année-là, c'est encore un tableau de Manet que le jury, cette fois, n'a pas osé refuser. On a beau s'être bien moqué, avoir bien ri, l'épisode du Salon des Refusés a laissé des traces. On ne peut pas éternellement fermer la porte à toute peinture un peu novatrice. Manet a peint une Olympia. Baudelaire s'est enthousiasmé. Il n'empêche que le nouveau coup de tonnerre de Manet déchaîne les passions. C'est un nu, une « odalisque au ventre jaune, ignoble modèle ramassé je ne sais où, et qui représente Olympia », s'insurge un certain Jules Claretie. La foule à nouveau se presse devant cette « Olympia faisandée ». Il est vrai que Manet n'a guère ménagé les sensibilités. Une femme nue, parée de bijoux, étendue sur un lit ; une servante noire lui apporte un bouquet de fleurs. Hommage d'un amant ? Remerciement pour une nuit inoubliable ? Un chat noir très baudelairien est témoin de la scène, mélange de quotidienneté réaliste et de symbolisme équivoque. La foule, qui n'a qu'une lettre à changer, fait en revanche grand cas des deux marines de Monet, feint même de confondre les deux artistes, comme pour humilier l'auteur d'*Olympia*. Cézanne, lui, ne s'y trompe pas. Il est subjugué. Il comprend Manet, son désir de peindre le vrai, de liquider cet idéalisme qui gêne encore aux entournures et dont il a lui-même tant de mal à se déprendre. Il y voit « un état nouveau de la peinture », une façon d'appréhender le réel qui lui permet de « cracher le ton » : « Il y a une vérité picturale des choses. Ce rose et ce blanc nous y mènent par un chemin que notre sensibilité ignorait jusqu'à eux[3]... » Un chemin nouveau. Renoncer aux illusions romantiques, aux antithèses hugoliennes qui sur ses premières toiles « couillardes », comme il les qualifiait lui-même, donnaient ces forts contrastes, cette violence déchaînée. Dix ans avant lui, Flaubert a suivi le même chemin, contraignant sa nature pour une cure de réalisme. Cela a donné *Madame Bovary*, somptueuse liquidation des illusions de l'idéal. Un exercice d'humilité pour un résultat fracassant. Comme si la réalité était vraiment scandaleuse, était le seul scandale : placer les hommes face à eux-mêmes, leur montrer à la fois les limites et l'infini de leur condition. Cézanne se bat contre lui-même. Il peint des natures mortes — *Pain et œufs* témoigne des recherches de ces mois de doute et d'évolution : il se plie au travail de la nuance, polit ses tons au pinceau, cherche une forme d'harmonie. Mais sa nature abrupte n'abdique pas, ni son angoisse devant l'épouvante d'être au monde : retrouvant la tradition bien attestée des Vanités où s'illustrèrent tant de glorieux aînés, il peint des natures mortes avec crânes, des toiles tourmentées où éclate son tempérament profondément tragique. L'exemple de Delacroix n'est pas mort en lui, ni la fascination pour Hugo, prince de l'antithèse, ni le souvenir ému de Musset, qui a tant marqué sa jeunesse. La peinture de Cézanne, avant ses trente ans, est encore essentiellement littéraire. Et puis il y a Zola qui avance, lui, qui vibrionne, écrit comme un damné et semble sur le point de réussir son coup. Zola travaille toujours chez Hachette, mais il collabore à deux ou trois journaux et rédige fiévreusement sa *Confession de Claude*. Zola a fort bien compris que la réussite passe désormais par la presse : c'est la presse qui fait l'opinion, c'est par la presse que l'on touche le plus grand public, c'est là qu'est le pouvoir. On peut même écrire des articles louangeurs sur des écrivains en vue, en espérant qu'ils sauront s'en souvenir le moment venu, pratique heureusement abandonnée de nos jours. Alors Émile gratte du papier, inlassablement, gagne de l'argent, lui qui a tant souffert d'en manquer, et continue pour que la source ne tarisse pas. Il se fera même le défenseur de ses amis peintres — avec plus de stratégie et de goût d'en découdre que de compétence, il prouvera assez qu'il ne comprend pas grand-chose à la peinture, pas plus hélas qu'il ne comprendra grand-chose à certaines théories scientifiques dont il aura l'imprudence d'entrelarder certains de ses romans, mais enfin il est une force qui va. Et cette force a compris que l'idéal ne nourrit pas son homme, que le Mal du siècle des romantiques et les rêveries beylistes de destins napoléoniens n'ont plus guère leur place en cette époque de fabriques, de chemin de fer triomphant et de spéculations effrénées. Il en restera des traces dans ses indignations romanesques. Faute d'être un héros, au moins doit-on s'efforcer d'être un juste. La jeunesse est bien finie. Reste à ne pas la trahir. « Frères, écrit-il à Cézanne et Baille au début de son roman, vous souvenez-vous des jours où la vie était un songe pour nous ?... Vous souvenez-vous de ces tièdes soirées de Provence, lorsque, au lever des étoiles, nous allions nous asseoir dans le sillon fumant encore des ardeurs du soleil ? (…) Je sens mes entrailles profondément remuées lorsque je compare tout ce qui est à tout ce qui n'est plus. Tout ce qui n'est plus, c'est la Provence, c'est vous, ce sont mes pleurs et mes rires d'autrefois ; tout ce qui n'est plus, ce sont mes espérances et mes rêves, mes innocences et mes fiertés. Hélas ! tout ce qui est, c'est Paris avec sa boue[4]… »

Mais pour Cézanne, la Provence *est* encore. En septembre 1865, il repart pour Aix. Ses amis constatent qu'il a changé. Le sauvage se police. Lui que parler fatigue se fait disert. Il raconte Paris, les luttes homériques pour tracer son chemin dans le monde de l'art, le tumulte de la capitale et la pétaudière, mélange d'anarchie affairiste et de tyrannie politique, qu'est le régime de Badinguet. Surtout, il parle peinture. Sa pensée s'affirme. Il a compris qu'on ne peut peindre seulement d'instinct, que le « tempérament » n'est qu'une des dimensions de la création, que tout grand artiste développe aussi, parce qu'il est le mieux placé pour le faire, une théorie de son art. Mais qu'à la différence des critiques chaponnés et des théoriciens professionnels, il prouve le mouvement en marchant et ouvre le chemin. De retour à Aix, Cézanne est saisi d'une frénésie de portraits, comme s'il lui fallait désormais décrypter les mystères du visage et la vérité humaine. Il réalise le portrait de Valabrègue (c'est lui, ce jeune homme à la tête penchée), qui se prête de bonne grâce aux obligations ingrates des longues heures de pose, surtout quand on a en face de soi un tel furibond. Il trouve un modèle idéal en la personne de son oncle Dominique, le frère de sa mère. Le bougre est placide, assez peu décoratif et passablement inexpressif. Qu'importe, Paul va le saisir dans son épaisseur, l'affubler de coiffes diverses, le déguiser même en moine espagnol. Barbiche noire, yeux noirs, gestes comme figés, et cependant une force, une présence qui crèvent la toile. Paul travaille au couteau, accentue la lourdeur des traits, la profondeur de la carnation. Surtout, il le peint plusieurs fois, il réinvente à son usage le principe de la série, qui vide le modèle ou le motif de son intérêt propre, de son autonomie — qui le transforme en objet peinture, en forme qui devient à elle-même sa propre fin. La manière est violente, résolument « moderne » malgré les évidentes références aux grands maîtres de la peinture espagnole. Mais il semble évident que c'est là, dans la période de ce court séjour aixois, de septembre 1865 à février 1866, que Cézanne a vraiment trouvé sa voie, renforçant, imposant sur la toile la synthèse de son tempérament puissant et de sa pensée sur la forme. Marius Roux, compatriote aixois qui publie en décembre une critique élogieuse de *La Confession de Claude* de Zola[5], en profite pour tresser des louanges à Cézanne dans ce qui est le premier article connu paru sur le peintre :

> M. Cézanne est un des bons élèves que notre école d'Aix a fournis à Paris. Il a laissé chez nous le souvenir d'un intrépide travailleur et d'un consciencieux élève. Ici, il se posera, grâce à sa persévérance, en excellent artiste. Grand admirateur des Ribera et des Zurbaran, notre peintre ne procède que de lui-même, et donne à ses œuvres un cachet particulier. Je l'ai vu à l'œuvre, dans son atelier, et si je ne peux encore lui prédire le brillant succès de ceux qu'il admire, je suis certain d'une chose, c'est que son œuvre ne sera jamais médiocre.

Belle solidarité aixoise, qui ne fait guère avancer les affaires de Cézanne, loin au fond de sa Provence, et qui n'empêche pas le roman de Zola, *La Confession de Claude* qui vient de paraître, d'être traité plus bas que terre par la presse. Roman hideux, immoral, dangereux. Les *Contes à Ninon* avaient suscité un intérêt bienveillant. *La Confession de Claude* range Zola dans la catégorie des auteurs à scandale, injuriés, voués à l'enfer, ce qui est toujours, quand on court derrière le succès, un excellent début de carrière. Mieux vaut un succès de scandale que pas de succès du tout. Le jeune M. Zola intéresse l'autorité. On perquisitionne chez lui, dans son nouvel appartement du 142 boulevard Montparnasse, car Émile a décidément la bougeotte. Si au moins il pouvait lui arriver la même chose qu'à Flaubert, qu'à Baudelaire… Mais le Régime, si bête soit-il, a fini par comprendre qu'en ces matières les procès servent surtout les prévenus. On classe l'affaire sans suite. Mais nom de Dieu, aurait-il pu écrire dans son style vigoureux, ç'a été une rude secousse. Zola n'est plus en odeur de sainteté chez Hachette, où l'on ne goûte pas beaucoup le scandale. Il donne sa démission. C'est le grand saut. Désormais il devra assumer son rêve de jeunesse : vivre de sa plume.

Que pense Cézanne de toutes ces agitations dans son refuge du Jas de Bouffan, en cet hiver 1865-1866 ? Rien. En reçoit-il seulement l'écho ? Au fond, a-t-il vraiment envie de ce succès derrière lequel court Zola comme après une revanche ? Cézanne pense à la peinture. Le reste viendra peut-être par surcroît, ou ne viendra pas. Il n'a pas de ces repères sociaux. À quoi bon s'efforcer de devenir riche ? Son père a déjà fait le travail, et le résultat n'est guère admirable. L'argent, la réussite, c'est aussi l'autorité, la rapacité, l'incompréhension profonde du philistin. On ne se libère pas si facilement des modèles ou des contre-modèles enfouis en vous. Argent, affaires, vieil imbécile acariâtre et inculte, c'est tout un malgré l'affection qu'il porte à Louis-Auguste — le portrait qu'il fera de lui dans les prochains mois en est la preuve bouleversante. Mais la peinture, est-ce que ça se réduit à de la vaine gloriole ?

Il faut toujours parler d'un homme du point de vue de sa révolte. Révolte de Cézanne, colère fondamentale, permanente. Contre sa famille ? Contre la peinture qui se fait ? Contre la bêtise bourgeoise, ou l'étroitesse des jugements ? Ou contre la vie qui passe ? En art, il ne peut prendre que le parti des réprouvés. Il faut penser à cette époque étrange, où Offenbach triomphe dans les salles de spectacles, non sans raisons du reste, et où un Wagner est sifflé, comme à un tournant essentiel dans ce qu'il faut bien appeler l'histoire de la bêtise, qui reste à écrire. Singulière époque où les artistes, à l'instar de Flaubert, ont le sentiment que la bêtise, dénoncée comme « bourgeoise », se constitue en force d'oppression. Peut-être un effet de l'âge démocratique, qui donne à un plus grand nombre d'imbéciles le moyen de nuire, de juger, d'acheter des inepties, d'étaler sans vergogne une manière inadéquate ou vulgaire d'être au monde... Toujours est-il que Cézanne, comme Flaubert avant lui, comme Baudelaire, comme tant d'autres, adopte cette attitude élitiste, aristocratique, face aux bassesses bourgeoises. À chacun son dandysme. Celui de Baudelaire, qu'il ne connaît pas, affiche la singularité de l'élégance provocante et de l'absolument autre. Le « dandysme » de Cézanne affecte la crasse et les manières d'un Diogène moderne. C'est la même révolte. Et ils se retrouveront à distance dans le culte pour un jeune musicien, Richard Wagner, dont le *Tannhäuser*, sifflé à Paris, a tenu trois représentations. Cézanne, par goût autant que par principe, prend le parti de Wagner. À Noël 1865, un jeune musicien allemand, Heinrich Morstatt, séjournant à Aix, est présenté à Cézanne par Marion. Morstatt joue au piano quelques morceaux de Wagner. L'idée de peindre *L'Ouverture de Tannhäuser* commence à germer dans l'esprit de Cézanne et il ne peut plus se permettre d'échouer au prochain Salon. Il est prêt, armé jusqu'aux dents, pense-t-il. En février 1866, il retourne à Paris.

La bataille de Paris

À Paris tout va très vite. Six mois d'absence et les situations ont changé, c'est tout juste si on ne vous a pas oublié. Cézanne retrouve un Zola fort affairé. En démissionnant de chez Hachette il a trouvé une place plus conforme à ses ambitions : il vient d'être engagé à *L'Événement* par son propriétaire, Hippolyte de Villemessant. *L'Événement* est le journal le plus lu de Paris. Zola avait déjà cherché, en vain, à en forcer la porte, puis il a insisté, faisant jouer le réseau de relations dont il dispose à présent. Bien lui en a pris : Villemessant a jaugé son tempérament et l'a embauché, au salaire de 500 francs par mois. Une fortune ! Hippolyte de Villemessant est un personnage qui se visite. Un vrai patron de presse, l'ancêtre des Lazareff ou des Filipacchi. Il flaire les goûts du public, les devance, il est prêt à tout pour attirer l'attention, même par les moyens les plus douteux. C'est un aventurier des temps nouveaux, hâbleur, tonitruant, impérieux, et qui a parfaitement compris quelles perspectives s'ouvrent avec le développement de la presse, à condition de ne pas être trop regardant sur la manière. Zola est adoubé par Villemessant au moyen d'un article flatteur qui présente la nouvelle recrue du journal. Un luxe. À lui de faire ses preuves. S'il échoue, il passera à la trappe, comme tant d'autres. Zola exulte. Il a vingt-cinq ans et il dispose à présent d'une formidable position stratégique pour jouer avec l'opinion : « Aujourd'hui je suis connu. On me craint et on m'injurie… J'ai foi en moi et je marche gaillardement. » Il ne lui reste plus qu'à trouver ses combats, comme un preux chevalier. La défense de ses amis peintres constituera une belle entrée en matière, car le Salon de 1866 s'annonce tumultueux.

Cézanne y présente deux toiles, dont le portrait de son ami Valabrègue. À Aix, il souhaitait être admis au Salon. À Paris, tout ce cirque le dégoûte. Il n'est pas disposé à faire des courbettes devant ces imbéciles. Il espère tout de même, exhibant comme par défi ses toiles à l'entrée du Palais de l'Industrie où doit se réunir le jury. Valabrègue, quant lui, a vite compris que c'était fichu. Après le scandale Manet de l'année précédente, le jury a décidé de faire preuve de fermeté :

Paul sera sans doute refusé à l'exposition, écrit Valabrègue à Fortuné Marion. Un philistin s'est écrié, en voyant mon portrait, que c'était peint non seulement au couteau, mais encore au pistolet. Une série de discussions se sont élevées déjà. Daubigny a prononcé quelques mots de défense… Il n'a pas eu l'avantage.

Paul, il est vrai, n'a rien fait pour flatter le jury dans le sens du poil, présentant des toiles âpres, puissantes. Le portrait de Valabrègue est une splendeur, mais il n'est pas convenable de peindre ainsi : ce fond neutre, ces touches grasses, ces vêtements à peine esquissés en larges taches sombres, l'empâtement épais du visage... L'exemple de Manet est passé par là, c'est certain. On ne voit pas — et comment le verrait-on ? — la nature déjà profondément impressionniste de ce tableau. Refusé, encore. À croire que Cézanne court derrière l'échec, comme Zola après le succès, ennemi de soi-même, *Héautontimorouménos* de Baudelaire, *self defeating*, diraient les Anglais, le complexe de Hamlet. Mais il est des défaites qui ressemblent à des triomphes. Fortuné Marion a bien saisi ce sens de l'histoire :

J'ai reçu d'autres nouvelles. Toute l'école réaliste a été refusée : Cézanne, Guillemet et les autres. On ne reçoit que les toiles de Courbet qui, à ce qu'il paraît, tombe en faiblesse. En réalité nous triomphons, et ce refus en masse, cet exil immense, est une victoire. Il ne nous reste plus qu'à nous exposer nous-mêmes et faire concurrence mortelle à tous ces vieux idiots borgnes... Ce moment est une période de lutte, et ce sont les jeunes qui combattent vis-à-vis des vieux ; le jeune homme contre le vieil homme, le présent tout plein de promesses de l'avenir contre le passé, ce *noir pirate*. La postérité c'est nous : et l'on nous dit que c'est la postérité qui juge. Nous espérons, nous, dans l'avenir[1].

Il n'empêche : Paul sera déçu, blessé dans son orgueil, même s'il feint pour l'heure d'attendre avec détachement le verdict du jury. Quand la sentence tombe, il réagit en redoublant d'insolence et de grossièreté. Il ressemble de plus en plus à un anachorète, se fait même remarquer en coassant au passage des ecclésiastiques. Si sa sœur Marie le voyait... Dans les dîners du jeudi, chez Zola, il braille, finissant même par indisposer son hôte qui s'en souviendra vingt plus tard, dans *L'Œuvre*. Rue Beautreillis, il vit dans un état permanent de saleté, mélange de tubes de couleurs vides, de linge sale, de boustifaille refroidie, d'esquisses — mais aussi ces taches colorées sur les toiles qu'il travaille, des éclats de lumière et de beauté dans ce capharnaüm.

Et puis un événement considérable vient d'avoir lieu dans sa vie, en ce début du mois d'avril 1866 : il a rencontré Manet. Manet a vu ses natures mortes chez Guillemet et les a trouvées à son goût, fortement traitées, « couillues » dirait l'intéressé. Manet a demandé à rencontrer Paul. L'approbation d'un tel peintre, c'est autre chose que les jugements de ces crétins du Salon. Paul est heureux de cette reconnaissance, à sa manière, puissamment et en silence. La rencontre entre les deux artistes est assez étrange. Paul s'attendait peut-être à un bougon dans son genre, à un timide renfrogné, ou à un sybarite habitué des bouges et des demeures louches. Manet est en fait un homme raffiné au physique délicat et charmant, un chéri de ces dames, aux manières de grand bourgeois distingué, tiré à quatre épingles. Lui un révolté ? Pas du tout, il ne rêvait que paisible carrière et reconnaissance officielle. Ce sont les circonstances, les malheureuses circonstances, qui en ont fait ce symbole, ce porte-parole de la nouvelle peinture.

Cézanne, perplexe, enfonce les doigts dans sa barbe, et grommelle quelques protestations. Les deux hommes vont s'apprivoiser, mais ne seront jamais des intimes, malgré cette reconnaissance réciproque. Trop différents. Mais Cézanne tire une force nouvelle de cet autre adoubement. Il s'enhardit. Lorsque les choix du jury du Salon sont proclamés, il prend la tête du mouvement de protestation. Renoir, refusé lui aussi, s'est permis d'aborder Daubigny, l'un des membres éclairés du jury. Intimidé, il ne décline pas son identité, se faisant passer pour l'un de ses amis. Daubigny, bienveillant et sans doute pas dupe, lui prodigue ses encouragements pour l'« ami », et lui conseille d'écrire une pétition demandant une nouvelle exposition des refusés. C'est Cézanne qui s'y colle : prenant sa plus belle plume, peut-être aidé par Zola, il écrit une lettre au comte de Nieuwerkerke, surintendant des Beaux-Arts : il faut que le Salon des Refusés soit rétabli. Cette lettre, d'ailleurs perdue, n'obtient aucune réponse. Nieuwerkerke est de ces officiels méprisants pour qui les requêtes de ces artistes crasseux, de ces démocrates malodorants, méritent de finir au panier. Cézanne ne s'en laisse pas conter. Les grands airs ne l'impressionnent pas plus que la position sociale. Zola, quant à lui, est d'humeur combative. Puisque la guerre est déclarée, il faut la faire. Il va enfin dire ce qu'il a sur le cœur, voilà un combat à sa mesure. Il propose à Villemessant de publier dans son journal un compte-rendu du Salon, de s'en prendre nommément, au moyen d'une enquête et de quelques révélations, à cette assemblée de vieilles barbes, d'attaquer la forteresse au canon. Villemessant s'esclaffe : que voilà une bonne idée ! Et un bon scandale à la clef, excellent pour vendre du papier. Zola lance sa déclaration de guerre le 19 avril, sous le pseudonyme de Claude. Il va tout dire, vider son sac, on va voir ce que l'on va voir. Simultanément, une bataille étant affaire de stratégie, Cézanne envoie sa deuxième lettre au comte de Nieuwerkerke. Cette lettre-là, nous l'avons. Qui en est l'auteur ? Cézanne est bon épistolier, Zola bretteur inspiré. C'est peut-être une lettre à quatre mains — en tout cas un moment important de l'histoire de l'art :

Monsieur,

J'ai eu dernièrement l'honneur de vous écrire au sujet de deux toiles que le jury vient de me refuser.

Puisque vous ne m'avez pas répondu, je crois devoir insister sur les motifs qui m'ont fait m'adresser à vous. D'ailleurs, comme vous avez certainement reçu ma lettre, je n'ai plus besoin de répéter ici les arguments que j'ai pensé devoir vous soumettre. Je me contente de vous dire à nouveau que je ne puis accepter le jugement illégitime de confrères auxquels je n'ai pas donné moi-même mission de m'apprécier.

Je vous écris donc pour appuyer sur ma demande. Je désire en appeler au public et être exposé quand même. Mon vœu ne me paraît avoir rien d'exorbitant, et si vous interrogiez tous les peintres qui se trouvent dans ma position, ils vous répondraient tous qu'ils renient le Jury et qu'ils veulent participer d'une façon ou d'une autre à une exposition qui doit être forcément ouverte à tout travailleur sérieux.

Que le Salon des Refusés soit donc rétabli. Dussé-je m'y trouver seul, je souhaite ardemment que la foule sache au moins que je ne tiens pas plus à être confondu avec ces messieurs du Jury qu'ils ne paraissent désirer être confondus avec moi.

Je compte, Monsieur, que vous voudrez bien ne pas garder le silence. Il me semble que toute lettre convenable mérite une réponse.

On trouve en marge de cette lettre — presque un manifeste — une note, peut-être de Nieuwerkerke lui-même : « Ce qu'il demande est impossible. On a reconnu tout ce que l'exposition des refusés avait de peu convenable pour la dignité de l'art, et elle ne sera pas rétablie. »

Zola n'attend pas de réponse à cette missive belliqueuse. Il passe rapidement à l'offensive. Dès le 27 avril, paraît dans *L'Événement* un grand article qui attaque violemment le jury du Salon, conteste le monopole exorbitant que détient cet aréopage de médiocres sur la vie de l'art en France. Informé par Guillemet sur les détails de fonctionnement du jury et les modalités de son élection, il accuse ceux qui « amputent l'art et n'en présentent à la foule que le cadavre mutilé ». Et il trace le portrait attristant de ces juges confits dans une conception sclérosée et passéiste de la peinture :

Il y a là les bons garçons qui refusent et reçoivent avec indifférence, il y a là les gens arrivés qui sont en dehors des luttes, il y a là les artistes du passé qui tiennent à leurs croyances, qui nient toutes les tentatives nouvelles, il y a enfin les artistes du présent, ceux dont la petite manière a un petit succès et qui tiennent ce succès entre leurs dents, en grondant et en menaçant tout confrère qui s'approche[2].

Cézanne est ravi : « Nom de Dieu, comme il les arrange bien, tous ces merdeux ! » Mais le public n'est pas unanime à partager cet enthousiasme. Il est vrai que Zola n'y va pas de main morte, accusant le jury de choisir sinon à la tête, du moins au nom du client. Des œuvres refusées sous un patronyme ont été acceptées sous un pseudonyme. Et Zola n'en reste pas à une simple critique de l'institution : il affirme ses choix et expose ses conceptions esthétiques dans un deuxième article, « Le moment artistique » : « Nous sommes dans un temps de luttes et de fièvres, nous avons nos talents et nos génies », qu'on chercherait en vain dans les œuvres exposées au Salon, cet « amas de médiocrité ». « Une œuvre d'art, affirme-t-il enfin, est un coin de la création vue à travers un tempérament[3]. » Du *tempérament*, voilà l'affirmation essentielle, celle de l'autonomie de l'artiste, de sa liberté. Du Cézanne tout craché. Le troisième article est un vibrant éloge d'Édouard Manet, dont la place est au Louvre, comme celle de Courbet. Pour certains lecteurs de *L'Événement*, c'est pousser le bouchon trop loin. Ce Zola se moque du monde. Villemessant reçoit des lettres de protestations, des menaces de désabonnement. On ne rit pas avec des choses pareilles, l'auteur de ces lignes peut en témoigner d'expérience. Le bouillant directeur, ravi de ce remue-ménage qui fait parler, est cependant obligé de composer : il confie un « droit de réponse », comme on dit aujourd'hui, à un obscur Théodore Pelloquet, dont le seul titre de gloire, semble-t-il, est d'avoir apporté la contradiction à Zola dans trois articles prenant la défense de l'art officiel. Bel exemple d'équité démocratique. Zola a compris : il abandonne la partie. Mais il a introduit un ver dans le fruit déjà bien blet de l'art officiel. « Toute école me déplaît, car une école est la négation même de la liberté de création humaine. » Qu'on se le dise : il ne tient pas à ce qu'on l'enferme dans le carcan d'un « mouvement » réaliste. Le réalisme c'est la vie même, cela ne se réduit pas à une construction théorique ou à des manœuvres de coteries. Au fond il est fort satisfait car le coup a porté : « Imaginez un médecin qui ignore où est la plaie et qui, posant çà et là ses doigts sur le corps du moribond, l'entend tout à coup crier de terreur et d'angoisse. Je m'avoue tout bas que j'ai touché juste, puisqu'on se fâche. Peu m'importe si vous ne voulez pas guérir. Je sais maintenant où est la blessure. » Il a fait mal et il le sait. Il a défendu Pissarro et Monet, « un tempérament, un homme dans la foule de ces eunuques ». Il a consacré Manet : « J'ai défendu M. Manet, comme je défendrai dans ma vie toute individualité franche qui sera attaquée. Je serai toujours du parti des vaincus. Il y a une lutte évidente entre les tempéraments indomptables et la foule. Je suis pour les tempéraments et j'attaque la foule[4]. » Il n'a pas défendu Cézanne. Il ne l'a même pas cité. Mais dans *Mon Salon*, le recueil de ces articles qu'il publie presque aussitôt après, il adresse une longue lettre-préface à son ami. Admirable texte, vibrant de nobles sentiments et d'une nostalgie touchante. Mais pas un mot, là encore, sur le travail acharné de Cézanne, sur son talent puissant dont l'évidence s'affirme de jour en jour. Fe bon Févanne, décidément, il ne le comprend pas. Incompréhension, vraiment ? Crainte d'être taxé de « copinage » ? Prudence ? Aveuglement ? Rivalité inconsciente ? La vraie réussite d'un ami, d'un frère, n'est-elle pas plus douloureuse que celle d'un étranger ?

N'importe, la bataille a été rude. Elle a soudé un peu plus les amitiés. Manet a pris contact avec Zola pour le féliciter de son article. On est ensemble pour la vie entière ; à commencer par l'été qui approche. C'est le moment de prendre quelques vacances. Les Aixois, Cézanne, Zola, Baille, Solari, Valabrègue, Chaillan, Roux, s'en vont séjourner à Bennecourt, petit village des bords de Seine situé entre Paris et Rouen. Non, l'amitié n'est pas morte, elle semble même s'être ravivée. À Bennecourt on est bien. Il y a des îles sauvages au milieu de la Seine. Des nuages blancs passent au-dessus des prairies, des bois, des maisons de pêcheurs, des peupliers qui se reflètent dans l'eau. On nage, on canote, on s'asperge, on a de nouveau quinze ans. Une femme accompagne le groupe, Gabrielle Meley, que Zola, mâle dominant de la tribu, déjà célèbre, en route pour la gloire, a fait sienne. Au nez et à la barbe de Cézanne ? Est-ce vraiment pour elle qu'il avait sacrifié son système pileux ? Que pense-t-il quand il les voit ensemble ? Émile et Gabrielle ne s'exhibent guère, il est vrai. Gabrielle fait vraiment partie de la bande, en bonne copine. Cézanne a renoncé. A-t-il seulement été amoureux ? Une pulsion violente, peut-être, un désir brutal devant cette fille belle comme un fruit à cueillir. Et puis rien. La peinture. Au fond il n'y a que le travail. Zola produit frénétiquement. Peu après *Mon Salon*, il a publié *Mes haines*, recueil de critiques littéraires au titre prometteur mais au contenu assez sage. Ne rien laisser perdre. Il travaille à un nouveau roman. Et il regarde, perplexe, son ami Cézanne s'escrimer sur ses toiles. Il voit bien qu'il y a quelque chose, une force, mais tout cela n'est guère rassurant, ce n'est pas ainsi qu'on séduira le bourgeois. Et qui vous lit, qui vous achète ? Sûrement pas l'ouvrier... « Il s'affirme de plus en plus dans la voie originale où la nature l'a poussé. J'espère beaucoup en lui. D'ailleurs, nous comptons qu'il sera refusé pendant dix ans[5]. » Pendant dix ans... Dix ans de tranquillité, et rester seul le chef ? Une assurance sur la postérité ? Mon Dieu, protégez-moi de mes amis, mes ennemis je m'en charge.

*

En août 1866, Cézanne repart pour Aix. Il n'a jamais tout à fait abandonné le rythme des vacances scolaires. Valabrègue l'accompagne. Baille s'y trouve déjà. On revoit Marion. Le jeune Alexis, brûlant de littérature, s'agrège au groupe. La bande des Aixois se reconstitue. Elle semble revenir de combats lointains, tout auréolée de sa très relative gloire parisienne. Mais Marion accueille Cézanne en héros, alors on fait de même. Sur le Cours, désormais, on considère Cézanne, sa barbe de prophète, ses cheveux longs, avec un certain respect. Ces artistes ne sont guère discrets. Ils se manifestent bruyamment dans les rues et les cafés. L'ombre de Zola les accompagne. « On commence à nous gober rudement, écrit Marion, on nous salue. » La ville est bruissante de rumeurs, Cézanne fils est devenu peintre. Que peint-il ? On voudrait bien le voir. Mais Paul, superbe, ne montre rien et il répond par un sonore « je vous emmerde[6] ! » à toute demande, même polie. Les Parisiens le dégoûtent, mais il ne supporte plus les Aixois, un tas d'andouilles. Et s'ils allaient lui mettre le grappin dessus, le retenir, le fêter même, lui proposer la direction du musée ou toute charge officielle ridicule ? Fuir, ne pas se rendre, jamais. Et travailler. Il a un appétit de travail inépuisable. Il commence une *Ouverture de Tannhäuser*, l'abandonne, y reviendra. Il réalise surtout le portrait de Louis-Auguste. Cette fois le vieux banquier est assis, jambes croisées, dans un haut fauteuil, en train de lire le journal — *L'Événement*, bien sûr, en clin d'œil amical à Zola. Louis-Auguste sourit à demi, à sa manière bourrue. Cézanne, c'est évident, a cherché à lui rendre justice, à le peindre aussi objectivement que possible. « La peinture en est blonde, écrit Guillemet à Zola, et l'allure très belle, le père a l'air d'un pape sur son trône. » La leçon de Manet a porté.

La réalisation de ce portrait ne l'éloigne pas de son goût profond et permanent pour les extérieurs, la nature, la peinture sur le motif.

Mais vois-tu, écrit-il à Zola, tous les tableaux faits à l'intérieur, dans l'atelier, ne vaudront jamais les choses faites en

plein air. En représentant des scènes du dehors, les opposi-
tions des figures sur les terrains sont étonnantes et le paysage
est magnifique. Je vois des choses superbes, et il faut que je
me résolve à ne faire que des choses en plein air[7].

Il est du reste un peu désenchanté. Chez ce cyclothymique, le cafard revient vite : « Mais je te le
répète, j'ai un peu de marasme, mais sans cause.
Comme tu sais, je ne sais pas à quoi ça tient, ça
revient tous les soirs quand le soleil tombe et puis
il pleut. Ça me rend noir. » Désenchantement qui
atteint même sa raison de vivre, la peinture, sur le
mode de l'à quoi bon que connaissent tous ceux
qui se frottent un jour ou l'autre à l'infernal travail de la création : « Je ne sais si tu seras de mon
avis, et pour cela je ne changerai pas, mais je commence à m'apercevoir que l'art pour l'art est une
rude blague, ça entre nous. » Il faudrait tout peindre
en gris. La vie est grise, le monde est gris, « cela seul
règne dans la nature, mais c'est d'un dur effrayant à
attraper[8] ». D'ailleurs peut-il voir le monde autrement qu'en gris, replongé qu'il est au sein de sa famille ? « Les plus sales êtres du monde, emmerdants
par-dessus tout. N'en parlons plus[9]. » Il a le gîte et
le couvert, pourtant, mais cette permanente soupe
à la grimace lui reste sur l'estomac. La situation est
humiliante. Tout juste si son père consent de temps
à autre à lui glisser un billet, pour ses menus plaisirs. Le temps pluvieux de cet automne n'est pas
étranger à son humeur sombre. Il est des paysages
qui supportent mal la pluie. La venue de Guillemet
avec sa femme lui met un peu de baume au cœur.

Guillemet est un gai compagnon, une personnalité solaire, au regard optimiste et aux indignations chaleureuses. Il peut même se permettre de tancer Louis-Auguste pour sa pingrerie sans que le vieux grigou ne s'offusque. Le père de Guillemet aussi a de l'argent, et il ne laisse pas moisir son fils dans cette dépendance odieuse. Cézanne s'acharne sur ses portraits, convoque à nouveau l'oncle Dominique, docile, qu'il exécute au couteau chaque après-midi. Guillemet s'interroge. Lui, l'élève de Corot, verrait bien un peu plus d'harmonie, de liant, dans la manière de son ami. Cézanne hausse les épaules. Corot... Mais rien ne va vraiment comme il le souhaite. Début novembre, il annonce piteusement à Zola que son « grand tableau de Valabrègue et Marion ne s'est pas fait », et que, ayant tenté une « soirée de famille, ça n'est point venu du tout ». Cette « soirée de famille qui n'est pas venue du tout », c'est probablement une première version de *L'Ouverture de Tannhäuser*. C'est en effet une soirée d'intimité bourgeoise : une jeune femme joue du piano tandis qu'une autre coud. Ennui, quiétude, rien de clinquant, rien qui traduise l'éclat de la partition wagnérienne. Et pourtant, cette toile, dont la version définitive est celle du musée de l'Ermitage, illustre la nouveauté de la musique de Wagner par un symbolisme subtil. Cézanne connaît le texte de Baudelaire sur l'échec de *Tannhäuser* : « *Tannhäuser* représente la lutte de deux principes qui ont choisi le cœur humain pour principal champ de bataille, c'est-à-dire de la chair avec l'esprit, de l'enfer avec le ciel, de Satan avec Dieu. Et cette dualité est représentée tout de suite, par l'ouverture, avec une incomparable habileté[10]. » Ces sujets, il ne les sent pas. Il « rêve de tableaux immenses ». Il rêve de Paris. Mais cette fois, il ne partira pas sans faire connaître chez lui un exemple de son travail. Il envoie une toile à un marchand de tableaux marseillais. Le marchand expose. Valabrègue, témoin de la scène, raconte, en exagérant sans doute un peu l'événement :

Il en est résulté beaucoup de bruit ; des attroupements se sont formés dans la rue ; la foule était stupéfaite. On a demandé le nom de Paul ; il y a eu de ce côté un mouvement et un léger succès de curiosité. Pour le reste, je crois que si le tableau était resté longtemps exposé, on aurait fini par casser la vitre et crever la toile.

À Paris, il retrouve Guillemet et Zola qui se désole des hésitations de son ami, de ses incertitudes, qui semble même douter de ses capacités à produire une œuvre. L'année 1867 commence mal. Un artiste doit aller de l'avant, peindre, exposer. Cézanne, lui, remet cent fois l'ouvrage sur le métier, jamais satisfait. Il ne sait pas finir un tableau, il cherche toujours plus loin, toujours ailleurs. Zola, maintenant, fréquente régulièrement Manet et sa petite bande d'amis. Un homme exceptionnel, ce Manet, la distinction faite homme. On se retrouve au café Guerbois, 11 Grande Rue des Batignolles (qui est aujourd'hui le 9, avenue de Clichy). Il y a là Belot, Duranty, Zola, Whistler, Degas, Fantin-Latour, presque tout le futur musée d'Orsay. L'atmosphère y est très parisienne. Le groupe des

Batignolles fait assaut d'esprit, de bons mots truffés d'*understatement*. Cézanne y vient quelquefois pour de furtives apparitions, mais ce monde-là n'est décidément pas le sien. S'il admire les tableaux de Manet, le personnage, lustré, parfumé, la barbe soignée au petit fer, dédaigneux, insolent de toute la hauteur de sa supériorité de classe, l'exaspère. Des gandins, des chochottes, des châtrés. Monet raconte même comment Cézanne en rajoutait dans la provocation devant ces jeunes gens sûrs de leur fait : quand il arrivait au café Guerbois, « il écartait sa veste d'un mouvement de hanches très "zingueur", remontait son pantalon et rajustait ostensiblement la ceinture rouge à son flanc. Après quoi, il serrait les mains à la ronde. Mais en présence de Manet il se découvrait et nasillait avec son sourire : "Je ne vous donne pas la *maing*, Monsieur Manet, je ne me suis pas lavé depuis huit jours[11]." » Il s'assoit à l'écart, refusant de se mêler à la conversation, mais émettant quelques grossièretés malsonnantes quand une remarque lui déplaît. Puis ce rustre mal embouché se lève et s'en va en grommelant. Comment voulez-vous aider un gaillard pareil, qui s'ingénie à se mettre tout le monde à dos, qui ne semble à l'aise que dans l'exécration ? D'où viennent cette colère, cette révolte permanente ? Zola même commence à se dire qu'il est des amitiés encombrantes. Lui fait son chemin, il roule dans la bonne ornière, dirait Rimbaud s'il le connaissait. Il bâtit une carrière. Il a besoin de calme, de stabilité, d'une vie rangée, voire un peu popote. Gabrielle veille au grain. Elle a trouvé son homme, elle est sûre de sa réussite. Elle l'épaule du mieux qu'elle peut, elle gère l'intendance, organise désormais les jeudis. Voilà sans doute ce qu'il faudrait à Cézanne, une femme de tête, discrète mais efficace. Voilà peut-être ce qu'il lui aurait fallu si... Mais on n'en parle jamais. D'ailleurs les manières de Cézanne maintenant indisposent quelque peu Gabrielle-Eléonore-Alexandrine, qui rêve de s'embourgeoiser et de liquider son passé, d'oublier d'où elle vient. S'il y a eu autrefois quelque commerce entre Cézanne et elle, c'est bien loin. Une femme qui veut oublier peut effacer jusqu'à ses souvenirs les plus intimes.

Le Salon de 1867 est celui qu'il ne faut pas manquer : une exposition universelle doit être inaugurée le 1er avril, et elle attirera une foule énorme de visiteurs. Les coups portés par Zola l'année précédente vont-ils modifier l'attitude du jury ? Encore une fois, on est suspendu au jugement des pions, des gardiens de la bienséance picturale. Cézanne, fidèle à son attitude d'indocilité, a envoyé deux toiles devant le jury, *Le Grog au vin* et *Ivresse*. Il les a transportées lui-même, en charrette à bras, les a exhibées devant le public qui s'esclaffait. Assurément ce type est fou. Le *Grog au vin* de cette année-là, qui n'est pas cet *Après-midi à Naples* que nous connaissons aujourd'hui, peint plus tardivement, est évidemment refusé, mais Cézanne aurait eu tort de s'embarrasser de concessions et de bonnes manières : tous ses amis sont refusés, Pissarro, Renoir, Sisley, Bazille, Guillemet, Monet. Comme il fallait s'y attendre, le jury, attaqué, s'est crispé, s'est fermé comme une vieille fille. Mais cette fois, cela commence à bien faire. Tant que certains passaient entre les gouttes, on pouvait se dire que ce n'était qu'une question de temps. Mais ce rejet en masse est une nouvelle déclaration de guerre. Pas de Salon, ni même d'exposition des refusés ? Alors il faut faire nombre, se grouper, exposer malgré tout. Même les glorieux aînés, Courbet, Corot, les soutiennent. Ils seront de leur côté, ils enverront des toiles. Plus facile à dire qu'à réaliser : le projet tombe à l'eau par manque d'argent, de lieu, d'organisation. Mais le pire est à venir. Le 8 avril, on découvre dans un quotidien français de Francfort une attaque virulente contre l'envoi de Cézanne au Salon. Le journaliste, qui fait même de l'esprit, a benoîtement transformé, ignorance ou malveillance, le nom de Cézanne en Sésame : « On m'a parlé encore de deux tableaux refusés dus à M. Sésame (rien des Mille et Une Nuits), le même qui provoqua en 1863 une hilarité générale au Salon des Refusés — toujours ! — par une toile représentant deux pieds de cochon en croix. M. Sésame a envoyé cette fois à l'exposition deux compositions sinon aussi bizarres, du moins aussi dignes d'être exclues du Salon. Ces compositions sont intitulées *Le Grog au vin* et représentent l'une un homme nu à qui une femme en grande toilette vient apporter un grog au vin, l'autre une femme nue et un homme en costume de lazzarone. Ici le grog est renversé. »

Cette fois, Zola explose. « Je défendrai dans ma vie toute individualité franche qui sera attaquée.

Je serai toujours du parti des vaincus. » Il le prouve. Le 8 avril, parait dans *Le Figaro* une vigoureuse mise au point :

Il s'agit d'un de mes amis d'enfance, d'un jeune peintre dont j'estime singulièrement le talent vigoureux et personnel. (...) Je vous avoue que j'ai eu quelque peine à reconnaître sous le masque qu'on lui a collé au visage un des mes camarades de collège, M. Paul Cézanne, qui n'a pas le moindre pied de cochon dans son bagage artistique, jusqu'à maintenant du moins. Je fais cette restriction, car je ne vois pas pourquoi on ne peindrait pas des pieds de cochon comme on peint des melons et des carottes.

Zola piétine un peu lui aussi. Ses affaires n'avancent pas aussi vite qu'il le voudrait. Il se plaint que rien ne marche. *La Confession de Claude*, il faut bien le dire, a été un échec commercial. Il vit de ses piges dans la presse, et il faut fournir inlassablement. Travail harassant, auquel s'ajoute la rédaction de son nouveau roman, *Un mariage d'amour*. Et puis le voilà feuilletoniste. À l'instar des grands qui firent la fortune des journaux, et la leur, les Dumas, les Gaboriau, les Eugène Sue, il s'essaie à ce genre fort prisé et rédige des *Mystères de Marseille* pour *Le Messager de Provence*. Intrigues, rebondissements, mélo à toutes les pages : ce travail le dégoûte, il a l'impression d'y gâter son talent et sa plume. Mais deux sous la ligne, cela ne se refuse pas. Et Zola doit aussi s'occuper de Cézanne qui se saoule littéralement de peinture, en oublie le boire et le manger, comme drogué, obsessionnel, hargneux, qui est en train de composer une toile d'une rare violence, *L'Enlèvement*, précisément dans la demeure de Zola où il a trouvé refuge pour rompre sa solitude et sa neurasthénie : tableau morbide, scène de désir et de cruauté, en relation directe semble-t-il avec les thèmes mêmes du nouveau roman de Zola, *Thérèse Raquin*, qui paraît en cette année 1867. On y voit l'héroïne et son amant conspirer pour assassiner le mari, afin d'assouvir leur désir. Cette toile macabre, Cézanne en fait aussitôt don à Zola, comme un hommage.

Des temps bien sombres, oui. Manet organise une exposition de ses propres œuvres, une cinquantaine de toiles, mais à ses frais, dans un baraquement construit avenue Montaigne. Il faut donc payer pour faire connaître son travail, sous ce régime pourri et corrompu, l'art est un passe-temps de gens fortunés — un comble ! Courbet inaugure à son tour sa propre exposition, le 29 mai, dans un pavillon construit au rond-point de l'Alma. À l'exposition de Manet figure en bonne place le texte de Zola : « Une nouvelle manière en peinture : M. Édouard Manet ».

L'Exposition universelle de 1867 attire en effet une foule considérable. On vient contempler les dernières merveilles de la science en marche, les curiosités lointaines des pays exposants — on s'arrête en passant devant les expositions de peinture. Mme Cézanne mère elle-même a fait le voyage pour assister à l'événement, et aussi constater comment son fils vit à Paris. Paul repart avec elle, début juin.

Il a besoin de travail et de solitude. Il s'enferme dans son Jas de Bouffan, ne voit personne, peint.

Dehors, c'est l'été, écrasant de chaleur, crépitant de cigales, l'été qui immobilise la nature. Il peint avec frénésie, des aquarelles devant lesquelles Marion s'extasie car elles éclatent « d'une coloration inouïe, et d'un effet étrange, dont je croyais l'aquarelle incapable ». Pourquoi ne pas rester ici, à Aix, s'enfermer dans la délicieuse torpeur du Jas de Bouffan, devenir une machine à peindre, comme Chateaubriand se disait machine à faire des livres, renoncer à tout, au succès, au monde ? À ses rares visiteurs, à Marius Roux que Zola, inquiet pour son ami, a prié d'aller voir Paul, il semble curieusement lointain, comme absent. Il répond machinalement, avec le calme de l'indifférence, perdu dans un rêve infini. Il renonce même à se rendre à Paris, courant août, comme il en avait exprimé l'intention, pour revoir les expositions de Manet et de Courbet. Il s'attaque à une nouvelle version de *L'Ouverture de Tannhäuser*. Ce thème le hante, comme s'il résumait sa façon d'être au monde, et concrétisait les aspirations contradictoires qui se débattent en lui.

Début septembre, Zola se transporte jusqu'à Aix pour assister, à Marseille, à une représentation théâtrale de ses *Mystères de Marseille*. Pour un bide, c'est un bide. La pièce est inepte, le public siffle, Zola est furieux. Inutile de s'attarder. Le 11 septembre, Cézanne et Zola prennent le train pour Paris.

Hortense

En décembre 1867, Zola publie *Thérèse Raquin*, nouveau titre d'*Un mariage d'amour*. Le livre est fort mal reçu par la presse : « Une flaque de boue et de sang... M. Zola voit la femme comme M. Manet la peint, couleur de boue avec des maquillages roses[1]. » Pourquoi tant de haine ? La classe dominante, en train de fabriquer un monde qui charrie tant de laideurs et de sordide, n'aime pas que le miroir de l'art lui en renvoie l'image. Zola est accablé. Il a besoin de ses livres pour vivre, lui. Un éreintement, et c'est encore l'échec à venir, le succès remis aux calendes grecques, des articles à écrire encore et toujours, tout un travail alimentaire qui l'écœure de plus en plus. Cézanne ricane devant ces angoisses. À quoi bon s'efforcer de plaire à tous ces abrutis ? L'art, l'avenir, voilà tout ce qui compte. Il est de plus en plus insaisissable, on a même du mal à savoir où il habite. Rue Beautreillis ? Rue de Chevreuse ? Rue de Vaugirard ? Rue Notre-Dame-des-Champs ? Il erre, rongé par une angoisse bien plus grave, celle de l'impuissance, comme si la route qu'il a choisie, inconnue, sans repères, pouvait se perdre dans un désert. Son compagnon le plus constant, en ces mois de doute, est Philippe Solari. Solari possède cette vertu cardinale de supporter les humeurs de Paul et de partager son dédain des contingences matérielles. Ils tirent le diable par la queue, dépensent en quelques jours leur pension mensuelle et finissent le mois en mouillant du pain dans l'huile d'olive. Solari est en train de réaliser une statue imposante, celle du Nègre Scipion, qui pose à l'académie Suisse. Zola tient à montrer ce chef-d'œuvre à Manet, qui daigne pousser jusqu'au modeste atelier de Cézanne et Solari. Solari allume le poêle, car il règne un froid de gueux. L'argile commence à fondre et *La Guerre de l'Indépendance*, tel est le nom de la statue, s'écroule. À la place d'un Nègre debout, Solari présentera au Salon un Nègre endormi qui sera accepté.

Accepté, tout comme les œuvres de Manet, de Monet, de Pissarro, de Sisley, de Renoir, de Bazille, de tous. Tous, sauf Cézanne. Son *Ouverture de Tannhäuser*, seconde version, est rejetée. Comme d'habitude, devrait-on dire. Un tel acharnement devient inquiétant. Cela ressemble même à une forme de cabale, comme si l'on s'attaquait à un symbole, car le nom de Cézanne n'est plus tout à fait inconnu dans le monde de la peinture, et même au-delà. Et si l'on allait, d'année en année, reconduire Cézanne dans son rôle de raté officiel ? Son ami Marion exprime ses craintes : « La peinture réaliste du moment est, plus que jamais, loin de réussir auprès du monde officiel, et décidément

Cézanne ne pourra pas de longtemps s'étaler à l'exposition des œuvres officielles et patronnées. Son nom est trop connu déjà, et trop d'idées révolutionnaires en art s'attachent à lui pour que les peintres membres du jury faiblissent un seul instant. Et j'admire la persistance et le sang-froid avec lequel Paul m'écrit : "Eh bien ! on leur en foutra comme cela dans l'éternité avec encore plus de persistance !"[2]. »

Pourtant, le jury a voulu se montrer assez conciliant. La jeune peinture est largement représentée. Manet triomphe, au grand dam du comte de Nieuwerkerke et de toute la vieille garde académique. Zola ne manque pas de prendre sa part à ce succès. Après tout, il y a contribué. *L'Événement illustré* lui commande une série d'articles. Il s'en acquitte avec prudence, distribuant à ses amis des compliments convenus, passant encore sous silence l'échec de Cézanne. Le jeune Zola n'a pas le courage de l'écrivain arrivé qui deviendra le héros honni, et probablement assassiné, de l'affaire Dreyfus. Cézanne sans doute lui est trop proche, et cette proximité l'aveugle. Paul n'a pas attendu l'hommage de son ami et la fin de la publication de ces sept articles. D'ailleurs il n'attend plus rien. Le 16 mai 1868, il est déjà reparti pour Aix, « fuyant des mains qui se profanent aux industries des philistins[3] ».

*

Il faut lire Cézanne. Il écrit bien. Il parle de sa solitude simplement, honnêtement, sans grandiloquence. Ainsi, dans une lettre à Numa Coste, de juillet 1868[4] :

Je ne sais si je vis, ou si simplement je me souviens, mais tout me fait penser. Je me suis égaré seul jusqu'au barrage et à Saint-Antonin. J'y ai couché dans une « paillère », chez les gens du moulin, bon vin, bonne hospitalité. Je me suis rappelé ces tentatives d'ascension. Ne les recommencerons-nous plus ? Bizarrerie de la vie, quelle diversion, et qu'il nous serait difficile, à l'heure où je parle, d'être nous trois et le chien, là où à peine quelques années auparavant nous étions. Je n'ai nulle distraction, sauf la famille, quelques numéros du *Siècle*, où je cueille des nouvelles anodines. Étant seul, je me hasarde difficilement au café. Mais au fond de tout ça j'espère toujours.

Quant aux Aixois, il n'attend plus rien d'eux : « Tu m'as bien fait plaisir de m'écrire, car ça vous tire de la somnolence dans laquelle on finit par tomber. La belle expédition que l'on devait faire à Sainte-Victoire est tombée à l'eau cet été, à cause de la trop grande chaleur, et en octobre à cause des pluies. Tu vois ça d'ici, quel ramollissement il commence à se faire dans la volonté des petits camarades. » Et ses collègues artistes aixois ? « Tout ça c'est des goitreux. Papa Livé sculpte depuis 58 mois un bas-relief d'un mètre, il en est toujours à l'œil du saint XXX[5]. »

Lui ne détèle pas. Il peint un paysage des bords de l'Arc. Pour le prochain Salon. Sait-on jamais ? Marion est impressionné : « Cézanne travaille toujours rudement et de toutes ses forces à ordonner son tempérament, à lui imposer les règles d'une science calme. S'il arrive à ce but, nous aurons des œuvres fortes et complètes à admirer. »

À force de solitude, Paul commence à avoir peur de perdre la mémoire, le rythme même de la vie en société, de devenir tout à fait un sauvage. Il est temps de rentrer à Paris.

Car maintenant il « rentre » à Paris. Cette ville est devenue sienne, autant qu'Aix, même si, c'est le moins qu'on puisse dire, elle ne l'a pas accueilli les bras ouverts. Il y retrouve un Zola fort embarrassé. Émile, qui s'acharne à l'écritoire, vient de publier un nouveau roman, *Madeleine Férat*. Zola inaugure avec ce roman la série de ses ouvrages illustrant des thèses « scientifiques » assez acrobatiques. Il s'agit ici du thème de l' « imprégnation » : une femme garde à jamais en elle l'empreinte de son premier amant, comme une marque au fer rouge. Ces billevesées, issues du cerveau fertile de quelque savant épris d'ordre moral comme il s'en trouvait tant à cette époque, démontrant « scientifiquement » les ravages physiologiques de la masturbation ou de l'adultère, sont illustrées par une histoire où des esprits malins pourraient voir une réminiscence des relations entre Cézanne, Zola et Gabrielle. Le livre fait en tout cas scandale, des lecteurs protestent, le jugeant obscène : on vient d'en interrompre la publication en feuilleton, sur ordre du Parquet. Zola songe à de plus vastes projets : raconter son époque dans une grande fresque qui serait l'équivalent de *La Comédie humaine* de Balzac. Il y dira tout de cette époque indigne, des gens qu'il a connus, il visitera tous les milieux, sera le témoin et le chantre majeur de son temps. Il parlera de Cézanne, du « drame terrible d'une intelligence qui se dévore elle-même ». Dès l'élaboration du projet, les intentions de Zola sont tracées. Il travaille chaque jour à la Bibliothèque impériale, où il consulte des livres de psychologie et d'histoire. Et il pense déjà à Cézanne comme personnage d'un de ses romans, qui traiterait des problèmes de l'art. Louis-Auguste est même de la fête. Zola lui emprunte nombre de traits pour le personnage de François Mouret dans le quatrième volume de la série, *La Conquête de Plassans* : « Prendre le type du père de C…, goguenard, républicain, bourgeois, froid méticuleux, avare ; tableau de l'intérieur ; il refuse le luxe à sa femme, etc. C'est un bavard d'ailleurs, appuyé sur la fortune, qui se moque de tout le monde[6]. »

Cézanne est bien loin de se douter de ce qui se trame. Il travaille. La nature morte l'occupe. Objets stables, immobiles, qui lui permettent de réfréner ses pulsions, sa violence, son « romantisme », sa manière « couillarde », pour ne s'occuper que de technique picturale. L'année 1869 marque à cet égard un tournant. *La Pendule noire*, la *Nature morte à la bouilloire* témoignent de ce cheminement vers des sujets plus classiques, et d'un recours aux objets du quotidien, à la manière de Manet, mais surtout de Chardin, dont les peintures familières et chaudes vues au Louvre, d'une incroyable profondeur dans le traitement de la matière, lui ont fait forte impression. Si *La Pendule noire* garde les traces d'une nature tumultueuse et abrupte,

« romantique », la *Nature morte à la bouilloire* est la figuration du quotidien modeste d'un artiste pauvre : une bouilloire, des œufs, des oignons. Et sur la gauche, isolée, une pomme. Une pomme « qui vient de loin », bien sûr. Le tout dans des tons jaunes sur fond gris — et cette nappe ou serviette blanche, cette « nappe de neige fraîche » que Cézanne a toujours rêvé de peindre. Écoutons Rilke :

> Ses natures mortes sont miraculeusement absorbées en elles-mêmes. D'abord la serviette blanche, si souvent utilisée, qui s'imprègne étrangement du ton local dominant ; puis les choses qui y sont posées, dont chacune se manifeste et s'extériorise de tout son cœur[7].

La nature morte, c'est la peinture absolue — d'ailleurs pourquoi ce mot de « nature morte » ? L'anglais *still life*, vie immobile, est plus beau et plus vrai. La nature morte, chez Cézanne, revêt la même valeur que le quatuor chez Beethoven : l'essentiel, le cœur des choses, la quête de la forme, sans fioritures ni anecdotes, ou alors à peine suggérées. Il offre *La Pendule noire* à Zola, le cœur battant. Zola la regarde à peine. La peinture n'est plus son affaire et Cézanne est un raté.

D'où viennent chez Paul cette sagesse, cette patience nouvelle, cet hommage aux maîtres admirés ? Un peu de psychologie, côté cœur. Au début de cette année 1869, il a rencontré une jeune personne — en fait l'un de ses modèles, du nom de Hortense Fiquet. Elle a dix-neuf ans, c'est une grande fille blonde du Jura, plutôt belle, assez timide. Cette modeste ouvrière brocheuse, orpheline de mère, arrondit ses fins de mois en posant pour les peintres. Cézanne est-il transporté ? Amoureux ? Cette fille placide à la chair docile, ce modèle parfait capable de rester des heures sans bouger, est sans doute ce qui convient à sa nature angoissée, à son trouble irrépressible devant le mystère de la femme. Il était temps. Cézanne a trente ans. Ce chaste, ce prude, torturé de désirs vertigineux, n'a connu jusqu'alors que de pauvres amours, et sans doute quelques épanchements tarifés. Hortense, qui devient rapidement sa maîtresse, est dans un premier temps l'équilibre indispensable qui apaise ses tourments, sa sensualité, qui canalise son travail dans une recherche apaisée. Ce n'est vraisemblablement pas le grand amour, ce ne le sera jamais. Cézanne n'est pas un sentimental, ni un amant très raffiné. Mais sa rencontre avec Hortense lui donne des forces nouvelles, le tranquillise. La chronologie de leurs premiers moments est mal connue. Hortense accompagne-t-elle Paul, en avril 1869, quand il se rend à l'Estaque, où il réalise une aquarelle représentant des *Usines à l'Estaque* ? C'est très possible, car l'Estaque est pour Paul un refuge, un lieu où l'on peut séjourner dans une relative clandestinité, loin du regard de Louis-Auguste.

Comme un adieu à ses chimères romantiques, à ses rêveries érotiques, il réalise en quelques heures *Une moderne Olympia* pastichant celle de Manet. Il s'y met lui-même en scène, de dos, massif et barbu, contemplant une odalisque recroquevillée sur un lit, tandis qu'une servante noire au buste dénudé contemple la scène en soulevant un objet indéfinissable. Ce n'est certes pas du meilleur Cézanne, l'Olympia de 1873 aura une autre allure, très « Nana » de ton. Mais Cézanne s'est libéré. À Manet qui lui demande ce qu'il prépare pour le Salon de 1870, il répond : « Un pot de merde. » Les « pots de merde » qu'il envoie au Salon cette année-là, ce sont le *Portrait d'Achille Emperaire* et un nu. Comme d'habitude, il apporte lui-même ses toiles, *in extremis*, le 20 mars. Comme d'habitude, on applaudit de façon moqueuse le fou. Le caricaturiste Stock reproduira ces toiles, preuve qu'elle ont marqué son esprit, y ajoutant ironiquement ce commentaire : « Les artistes et les critiques qui se trouvaient au Palais de l'Industrie, le 20 mars dernier, jour de clôture pour la réception des tableaux, se souviennent de l'ovation faite à deux peintures d'un nouveau genre. » À quoi Cézanne répond dignement :

Oui, mon cher Monsieur Stock, je peins comme je vois, comme je sens, et j'ai les sensations très fortes. Eux aussi [Courbet, Manet, Monet], ils sentent et voient comme moi, mais ils n'osent pas. Ils font de la peinture de Salon. Moi, j'ose, Monsieur Stock, j'ose. J'ai le courage de mes opinions — et rira bien qui rira le dernier[8].

Dans la lutte éternelle entre le pouvoir — celui des institutionnels, des « eunuques » — et la puissance vraie, c'est la puissance, la sienne, qui est en train de prendre le dessus. Maintenant Cézanne sait, fût-ce obscurément, qu'il suit le bon chemin, qu'il atteint à la maîtrise de son art singulier, qu'il est en marche vers son salut d'artiste, en ce temps où il s'agit de trouver dans l'art un substitut à la mort de Dieu, de refaire le monde en lui donnant des formes inédites.

Le Salon de 1870 s'ouvre sur des rumeurs angoissantes. Le régime impérial est à bout de souffle, à la suite notamment de la piteuse expédition mexicaine, et aussi de l'échec du plébiscite de mai 70. La guerre menace. Cette fois contre la Prusse de Bismarck. Le 31 mai, Zola, inquiet de ces menaces, convole en justes noces avec la belle Gabrielle Meley. Solari, Roux, Alexis et Cézanne sont les témoins. L'amitié est toujours solide, malgré les péripéties de l'existence. Mais, circonstance étrange, quelques jours auparavant Zola a reçu une lettre du journaliste Théodore Duret, qui signe des articles sur le Salon dans *L'Électeur libre*. Duret demande à rencontrer Cézanne, dont Zola lui a parlé comme d'un « peintre d'Aix tout à fait excentrique ». Zola refuse de lui communiquer l'adresse de Cézanne : « Je ne puis vous communiquer l'adresse du peintre dont vous me parlez. Il se renferme beaucoup ; il est dans une période de tâtonnements. Et, selon moi, il a raison de ne vouloir laisser pénétrer personne dans son atelier. Attendez qu'il se soit trouvé lui-même. »

Le bon camarade... À se demander si Zola a vraiment pardonné à Cézanne d'avoir « imprégné » Gabrielle...

Loin de la guerre

La France est en guerre. Napoléon III, vieillissant, mal conseillé, est tombé dans le piège de la dépêche d'Ems. Mais on ne passe pas d'un coup de baguette magique des flonflons d'Offenbach et de ses militaires pour rire à la mobilisation d'une armée. C'est la pétaudière. Rien n'est prêt. On mobilise au hasard, on manque de cartes des frontières du territoire, les généraux ne trouvent pas leur régiment. Faute d'armes, les conscrits font l'exercice avec des manches à balais. On connaît la suite, la déroute devant l'implacable organisation de l'armée prussienne, la défaite de Sedan, le siège de Paris, la famine qui contraindra les Parisiens à traquer le moindre rat. Et, en germe, deux guerres mondiales à venir.

Cézanne ne voit rien de tout cela. « Pendant la guerre, confesse-t-il benoîtement, j'ai beaucoup travaillé sur le motif à l'Estaque. Je partageais mon temps entre le paysage et l'atelier[1]. » En effet, dès les premiers coups de canon, il a filé à l'Estaque avec Hortense, sans tambours ni trompettes. Les voici dans la maison de la place de l'Église, que loue sa mère. Il l'a mise au courant de sa situation nouvelle. Elle, et elle seule. Louis-Auguste, s'il apprenait la chose, entrerait dans une belle fureur ! Dieu sait de quoi il serait capable. Certes lui-même, autrefois, a vécu dans le péché, comme on dit. Mais lui c'est lui, et son fils c'est autre chose. Un artiste. Et Hortense, un modèle, une de ces femmes qui se mettent nues devant des peintres libidineux. Lui est un honnête commerçant, il a frayé dans son milieu, il a régularisé sa situation avec une femme honnête. Tandis que cette fille… De quoi dilapider la fortune. Solide, la fortune, d'ailleurs. Louis-Auguste vient de fermer boutique. Il a accumulé assez d'argent pour vivre pendant trois ou quatre siècles. Et il n'a que soixante-douze ans. Il lui reste plus de quinze ans à vivre pour emmerder son fils. Ce ne seront pas des années perdues…

Cézanne ne semble guère se soucier de la double menace qui pèse sur lui. Louis-Auguste pourrait apprendre sa liaison ; on pourrait le retrouver et l'envoyer à la guerre. La première menace l'angoisserait plus que la seconde, à tout prendre. Ici, à l'Estaque, on ne se rend pas même compte que la guerre est déclarée. Faute d'une organisation efficace, les réfractaires ne sont pas inquiétés.

Tous ne sont pas dans la situation de Cézanne. Monet se trouve en Angleterre. Pissarro, fuyant devant l'invasion prussienne, l'y rejoindra bientôt. Manet sert comme officier. Renoir est dans le Sud-Ouest, soit à Bordeaux, soit à Tarbes. Zola quant à lui, myope comme une taupe, a été réformé. Début septembre, tandis qu'à Paris la République est proclamée après la défaite de Sedan, un vent de sédition souffle sur Aix. Une dépêche est arrivée, annonçant la chute de l'Empire. Aussitôt les républicains se ruent sur l'Hôtel de Ville, renversent à la fois le conseil municipal et les images, statues et symboles de l'ancien régime. De nouveaux conseillers sont aussitôt élus, parmi lesquels Baille et Valabrègue, rentrés de Paris, mais aussi Louis-Auguste ! On le charge des finances de la ville. On ne le verra jamais aux réunions du conseil…

Et voilà que débarque à l'Estaque un Zola flanqué de sa mère et de Gabrielle. Cézanne leur fait grand accueil, mais Zola est sombre. Ils ont fui Paris. Gabrielle était terrifiée. Tout va mal. La publication en feuilleton de *La Fortune des Rougon* est interrompue. Il a même failli se retrouver en prison, le mois dernier, à cause d'un article dans lequel il attaquait violemment l'Empire. Heureusement que le régime est tombé. Cézanne écoute placidement ces récits. Chaque matin il part sur le motif. Le soir il rentre, prend le frais, contemple la tombée du jour sur la baie de Marseille. Zola piaffe. Il n'a plus le sou. Les nouvelles de Paris sont mauvaises. Les Prussiens sont entrés dans la ville. Quand va-t-on pouvoir retourner là-bas ? Jamais peut-être. Ne tenant pas en place, il quitte l'Estaque pour Marseille. Aussitôt il reprend contact avec Arnaud, qui a publié ses *Mystères de Marseille*, aussitôt il rameute ses connaissances, dont Valabrègue, et entreprend de lancer un quotidien. Tout, plutôt que cette inactivité.

À Paris, la toute jeune République résiste. Gambetta s'envole en ballon pour organiser la défense de la patrie. On arme comme on peut un demi-million d'hommes. La France, dans sa partie nord, devient un vaste champ de bataille. Même à Aix, où l'on n'a jamais vu un Prussien, un souffle patriotique anime le conseil municipal qui appelle à la levée en masse — noble intention qui sent sa tartarinade avant la lettre, et ne produit guère d'effet. Le 18 novembre, Cézanne, qui n'a rien demandé et n'est candidat à rien, est élu à la tête de la commission de l'école de dessin d'Aix. On ne l'y verra jamais, lui non plus. « Tout ça c'est des goitreux. » Ainsi est Cézanne, qui a de qui tenir : révolutionnaire en peinture, mais indifférent en politique. Les agitations sociales ne sont pas son affaire. Et les organisations institutionnelles encore moins. Chez les Cézanne le dévouement citoyen n'est pas la qualité première. Les dames ont leurs œuvres, cela suffit.

Il peint des portraits, des natures mortes, tandis que Zola se débat. Émile, dont les agitations journalistiques ont fait long feu, a conçu l'idée étrange de se faire nommer sous-préfet d'Aix. Mais encore faut-il savoir à qui s'adresser. L'administration est en déroute, autant que l'armée. Zola part pour Bordeaux, où a échoué le gouvernement fuyant devant l'armée prussienne. Il erre de bureau en bureau, tombe sur un ministre de sa connaissance, se fait bombarder secrétaire. C'est toujours ça. Il ne suffit plus que d'attendre la fin de la guerre. Il est temps que les affaires reprennent. La République ne pourra que leur faire un triomphe. N'ont-ils pas assez œuvré pour son avènement ?

Mais rien ne s'arrange. Le siège de Paris commence fin décembre. Les obus pleuvent sur une population affamée, transie de froid, car l'hiver est terrible. Il gèle, le bois et le charbon n'arrivent plus, les vivres pas davantage. En cet hiver glacial, la Provence est sous la neige. Un jour, les gendarmes se présentent à la porte du Jas de Bouffan. Paul fait de fréquentes allées et venues entre Aix et l'Estaque, pour endormir les éventuels soupçons de Louis-Auguste. Mais ce jour-là il ne s'y trouve pas. Mme Cézanne ouvre toutes les portes en levant des épaules désolées : « Il est parti depuis quelques jours, dit-elle. Si je le vois, je vous préviendrai. » Les gendarmes n'insistent pas. Paul est sauvé par le mauvais temps. Allez donc arrêter quelqu'un avec cette neige qui envahit les routes et les chemins... Ils n'auraient pourtant aucune peine à mettre la main sur lui, car il ne se cache même pas. Il peint. L'Estaque lui offre d'inépuisables motifs. La baie scintille dans la lumière d'hiver. Les collines blanches de Marseille se découpent au loin, changeantes selon les subtiles variations des vents et de l'atmosphère. Tout autour du village, le paysage est un bouleversement de rochers, de gorges ; des pins d'un vert profond jaillissent de la pierre. Il y a même des cheminées d'usines qui fument, incongruité moderne dans ce paysage d'avant l'histoire. Cézanne travaille. La roche, les arbres, le ciel, l'immensité de l'horizon : que pourrait-il lui arriver ? Au début de l'année

1871, le dégel lui inspire une *Neige fondante à l'Estaque*. La neige comme une guenille sale sous un ciel noir, à peine éclairé par le toit rouge d'une maison, au loin. L'œuvre est rude, puissante — pas tout à fait réussie cependant dans son réalisme abrupt. Les éléments du tableau sont comme dissociés les uns des autres. La violence semble s'opposer à l'immobilité du paysage. Le romantisme, la « gangrène romantique », comme l'écrira Zola dans *L'Œuvre*, n'est pas morte en lui.

Le 26 février, la guerre s'achève par le désastreux traité de Versailles. S'ensuit à Paris une situation confuse qui aboutit le 26 mars à la proclamation de la Commune. Pendant ces deux mois, la lutte est incessante entre les communards et le gouvernement versaillais. C'est maintenant le gouvernement qui fait le siège de Paris. L'expérience généreuse, revancharde, romantique, utopique de la Commune s'achève en guerre civile. Dans son refuge de Croisset, à côté de Rouen, Flaubert ronchonne : « Quant à la Commune, qui est en train de râler, c'est la dernière manifestation du Moyen-Âge. La dernière ? Espérons-le ! (...) Cette folie est la suite d'une trop grande bêtise[2]. » Hugo est rentré à Paris, sanctifié par ses dix-huit années d'exil. Poète officiel, grande conscience, Zeus descendant de l'Olympe, il écrit *L'Année terrible*. Lui non plus ne saura pas empêcher le sang des communards de ruisseler sur le pavé parisien. Zola, qui a regagné la capitale, a vécu ce désordre au péril de sa vie. Arrêté par les communards, puis par les gouvernementaux, il manque une troisième fois d'être pris comme otage. Il fuit à

Bonnières, attendant que la fièvre s'apaise. Fin mai, ce sont les événements tragiques de la « Semaine sanglante », le massacre des communards par les troupes de Thiers. La Commune est matée dans le sang.

On a perdu Cézanne. Plus de Cézanne à l'Estaque. Selon le propriétaire de la maison qu'il occupe, il serait parti pour Lyon. Zola n'y croit pas un instant. Mais quelle bêtise de lui avoir envoyé une lettre à l'Estaque ! Si la lettre est réexpédiée au Jas de Bouffan, Louis-Auguste la lira : il est comme ça, Louis-Auguste, il lit le courrier de son fils, et cette lettre contient des allusions explicites à Hortense. Zola se mord les poings, mais des nouvelles de Cézanne lui parviennent début juillet. Le peintre n'a pas quitté le Sud. Zola est soulagé. La vraie vie peut reprendre : « Aujourd'hui, écrit-il à Paul le 4 juillet, je me retrouve tranquillement aux Batignolles, comme au sortir d'un mauvais rêve... Jamais je n'ai eu plus d'espérance ni plus d'envie de travailler. Paris renaît. C'est, comme je te l'ai souvent répété, notre règne qui arrive. (...) J'ai bien un peu de chagrin en voyant que tous les imbéciles ne sont pas morts, mais je me console en pensant que pas un de nous n'a disparu. Nous pouvons reprendre la bataille. »

Pas un de nous ? Zola oublie Frédéric Bazille, tombé au combat en 1870, à Beaune-la-Rolande.

Naissances

Paul et Hortense sont de retour à Paris dans le courant de l'été 1871. Ils trouvent une ville blessée par la guerre. Ils s'installent provisoirement rue de Chevreuse, chez Solari qui s'est montré un communard ardent, donnant le coup de main avec Courbet dans le renversement de la colonne Vendôme. Courbet est parti se faire oublier à Vevey, en Suisse.

Cézanne retrouve Paris sans liesse excessive. Il est sombre, taciturne, sinon odieux. Il ne voit personne, pas même Zola. La raison de cette humeur se devine aisément : le ventre d'Hortense s'arrondit, Hortense est enceinte. Ce n'est pas une très bonne nouvelle. D'abord, le voilà pris au piège. On lui a « mis le grappin dessus », sa hantise. Et puis, comment pourront-ils vivre ? Il ne vend toujours rien, et la petite pension consentie par son père suffit à peine à assurer sa subsistance. Alors une famille... Il ne songe cependant pas à se dérober. Pas le genre de ce caractère entier, tout d'un bloc. Hortense est là, c'est elle, ce sont là des choses qui ne se discutent pas, même s'il doit aller contre sa nature profonde, son besoin farouche de liberté, les désirs violents d'orgie, d'extase, de fête dionysiaque des sens qui continuent de le tenailler, et que la tranquille Hortense n'assouvit que très modérément. C'est elle, c'est sa femme, il assumera ce choix. Quittant l'immeuble de Solari, le couple emménage dans un petit appartement de la rue de Jussieu. De sa fenêtre il peint *L'Entrepôt des vins, vu de la rue de Jussieu*. Une toile sombre, dans les tons gris et bruns, un paysage d'hiver qui traduit son humeur morose. Aucune présence humaine sous ce ciel sinistre, dans ce quartier qui grouille ordinairement d'une foule active. Vision spleenétique, baudelairienne, sans sacrifice au pittoresque parisien qui égaie les toiles de Monet, de Renoir, de Pissarro. La peinture n'est pas témoignage, elle est recréation d'un monde par sa seule force interne.

Le 4 janvier 1872, Hortense accouche d'un garçon que Cézanne reconnaît aussitôt et déclare sous le nom de Paul. Le voilà père. Quel étonnement !

Un bonheur n'arrivant jamais seul, Cézanne reçoit une lettre d'Achille Emperaire qui lui demande l'hospitalité. Le nain, esseulé, veut renouer avec les milieux artistiques de la capitale. Cézanne lui ouvre de grand cœur son modeste logis : « Vous ne serez pas très bien chez nous, lui écrit-il, mais je vous offre très volontiers le partage de mon réduit. » Il lui demande même d'apporter sa literie, « n'en ayant point à vous offrir ». Mais la situation ne tarde pas à s'envenimer. L'appartement est petit, le voisinage de la Halle aux vins bruyant, et Paul junior donne de la voix plus souvent qu'à son tour. Emperaire n'est pas venu à Paris pour perdre son temps. Absent presque tout le jour, il court sur ses petites jambes d'atelier en ministère, cherchant à forcer les portes. Il veut exposer au Salon, et tous les moyens sont bons pour y parvenir. Il projette même d'aller voir Victor Hugo, il s'agite, il pérore, il finit par agacer furieusement Cézanne. Un mois après son arrivée, il déguerpit. « Je sors de chez Cézanne, dit-il. Il le faut. En cela je ne pouvais échapper au sort d'autrui. Je l'ai trouvé délaissé de tous. Il n'a plus un seul ami intelligent ou affectueux. Les Zola, les Solari, et autres, il n'en est plus question[1]. »

Paul, en cette année 1872, ne songe même pas à se présenter au Salon. On ne peut passer des examens toute sa vie, surtout si vos juges ne vous arrivent pas à la cheville. Pissarro et Monet partagent ce point de vue. Ils commencent d'ailleurs à vendre des toiles. La reconnaissance institutionnelle, du coup, se fait moins urgente. Pourtant, ce serait peut-être le moment. Le régime n'a-t-il pas changé ? La République n'est-elle pas ouverte à la nouveauté ? Ne va-t-on pas rompre enfin avec les pratiques antérieures ? Beaucoup le pensent naïvement. Mais un changement de gouvernement ne change pas les appareils, ni les hommes s'ils y ont survécu, et on ne peut pas tuer tout le monde. Courbet, qui présidait pendant la Commune de Paris la Fédération des Artistes, avait supprimé l'École des Beaux-Arts et l'Académie. Mais ce dangereux agitateur a été évincé, et les institutions rétablies. La IIIe République a besoin d'ordre. Et l'ordre, c'est l'Académie.

Nihil novi sub sole. Une révolution, fût-elle man-
quée, n'a jamais rendu les foules moins bêtes, ni
les notables plus éclairés. Le Salon de cette année-
là est aussi affligeant que sous l'Empire.

*

Pissarro est un roc, dans le genre calme. C'est le
seul maître que Cézanne ait jamais reconnu. Il ne
faut pas être disciple, mais ami. Pissarro est son
ami, un ami ferme et résolu, une autorité sou-
riante. Jamais Cézanne ne pourrait se fâcher avec
lui, quand il s'est brouillé avec tant de ses proches, excédés par son caractère impossible. Mais
le caractère de Paul n'impressionne pas Pissarro. Il
s'en amuse. Il sait que l'amitié est tout pour cet
écorché vif, et qu'il s'évertue pourtant à la broyer,
par maladresse, exaspération, immaturité. Pissarro
aime Cézanne, ses colères, sa bougonnerie, le talent prodigieux qu'il sent en lui, cette force. Il
l'a toujours su : Cézanne sera un grand, un très
grand.

Pendant la guerre, tandis qu'il était réfugié à
Londres, les Prussiens ont pillé la maison de Pissarro à Louveciennes. Abandonnant ce lieu pro-
fané, il est allé s'installer plus loin, à Pontoise. Il
suggère à Cézanne de l'y rejoindre, de quitter Paris
dont il ne faut plus rien attendre. À Pontoise la lumière est belle, la nature aimable. On peut y peindre en plein air. Le plein air, voilà l'avenir. La
peinture d'atelier a vécu. Il faut être au plus près de
la nature pour trouver des sensations nouvelles, des

lumières vibrantes et claires. La clarté, tout est là. Assez de noirceur, de visions funèbres et funestes, de sujets macérant dans les sombres décombres d'un romantisme mort. (Et puis, élément qui peut sembler futile mais revêt pourtant une certaine importance, on a inventé la peinture en tubes, plus faciles à transporter que les pots quand on va peindre en plein air : les grands moments de l'art sont parfois puissamment aidés par de petites innovations techniques.)

Cézanne se rend à ces raisons. Il quitte Paris avec armes, bagages et famille et rejoint Pissarro à Pontoise. Voilà d'ailleurs une invitation qui tombe à pic : il ne pouvait guère songer à retourner à Aix pour présenter son nouveau-né à Louis-Auguste. Va pour Pontoise.

C'est un choix judicieux, le début d'une des périodes les plus favorables de sa vie. L'accueil de Pissarro et de sa femme, tout de chaleur et de douceur, l'apaise. Comme l'apaisent les paysages du Vexin, si différents des formes abruptes de la Provence. Pissarro prend Cézanne sous son aile protectrice de grand frère indulgent. Ensemble ils vont sur le motif. Ils plantent leurs chevalets côte à côte. « Notre Cézanne nous donne des espérances, écrit Pissarro à Guillemet en juillet, et j'ai vu et j'ai chez moi une peinture d'une vigueur et d'une force remarquables. Si, comme je l'espère, il reste quelque temps à Auvers où il va demeurer, il étonnera bien des artistes qui se sont hâtés trop tôt de le condamner. »

C'est que Cézanne accepte les conseils de Pissarro : renoncer à ses obsessions, à son moi haïssable, tendre à l'objectivité, regarder la réalité. Sur la toile, la nature de l'artiste et son tempérament parleront d'eux-mêmes : nul besoin d'en forcer les effets. Cézanne reçoit la leçon. Elle l'arrange. Il sent bien qu'il doit maîtriser ses démons intérieurs, renoncer à sa propre tentation de saint Antoine pour regarder le monde tel qu'il est. La force sera toujours là. Encore faut-il la maîtriser. Pissarro est le contrepoint idéal aux fureurs de Cézanne. Il peint par touches légères, attaché à reproduire ce qu'il voit, à faire surgir la couleur et la lumière, car la lumière est l'élément premier de la nature, modifiant les objets, colorant les ombres de mille nuances. Il ne s'agit que de la regarder, et de la capter sur la toile. Cézanne s'applique à suivre ces conseils, même s'il lui arrive de regimber. Là où Pissarro cisèle patiemment le paysage, Cézanne travaille encore le motif par larges touches grasses, par empâtements. Mais il évolue, il progresse : il faut savoir aussi penser et peindre contre soi-même. En travaillant aux côtés de Pissarro, c'est comme s'il connaissait une nouvelle naissance. Il a eu un fils. Il a trente-trois ans. L'âge du Christ. L'âge d'homme.

Le docteur Gachet

Non loin de Pontoise se trouve le petit village d'Auvers-sur-Oise. C'est là que réside depuis quelques mois un personnage étonnant, le docteur Gachet. L'histoire de l'art, la littérature et même le cinéma ont immortalisé la figure attachante de cet homme d'exception. Le docteur Gachet exerce à Paris, rue du Faubourg-Saint-Denis. Il a quarante-quatre ans. Il est marié depuis 1868 à une jeune femme qui lui a donné une fille, mais son épouse, à nouveau enceinte, souffre de phtisie. C'est pour elle, pour fuir les miasmes parisiens, qu'il a acheté cette vaste demeure d'Auvers-sur-Oise, un ancien pensionnat entouré d'un grand jardin. Il espère que l'air de la campagne contribuera à la guérison de cette maladie qu'on soigne mal. Gachet est un original. Passionné d'art, il défend en médecine des idées non conformistes. Il suit avec intérêt les recherches dans une pratique toute nouvelle, l'homéopathie, qui fait pousser des cris d'orfraie aux Diafoirus de la médecine orthodoxe. Il est anticlérical et professe des idées socialistes. Ses tenues excentriques déroutent les habitudes de ce village de campagne. Il se teint les cheveux en jaune. L'été, il s'abrite des ardeurs du soleil sous une ombrelle blanche frangée de vert. Ce philanthrope, habité d'une foi ardente dans l'avenir de l'homme, s'évertue à faire le bien autour de lui, soigne les pauvres gratuitement, se dépense sans compter. Sa maison abrite une ménagerie de bêtes abandonnées, des chiens et des chats qu'il a recueillis. Il pratique lui-même la peinture et la gravure. À Auvers, il est vite entré en contact avec Daubigny. Fasciné par l'art nouveau, il fréquente les lieux où l'on rencontre les membres de la jeune école de peinture, Manet, Renoir, Monet ; et Pissarro, son voisin. C'est par son entremise qu'il fait la connaissance de Cézanne et de sa peinture. Il est subjugué. On ne peint pas de pareilles toiles sans être un très grand artiste, un de ces peintres de l'avenir qu'il appelle de ses vœux. Gachet est de ces hommes de qualité qui connaissent les limites de leur propre talent (il signe ses peintures van Ryssel, « de Lille ») et vivent leurs rêves par procuration, à travers ceux qu'ils admirent et élisent. Hasard de l'existence, une lettre l'atteste, le docteur Gachet connaît la famille Cézanne. Au cours d'un voyage d'étude à Aix, quelques années auparavant, il a rencontré le banquier. Il intercédera même auprès de Louis-Auguste, sans grand succès, pour obtenir une augmentation de la pension de Paul.

Gachet propose à Cézanne de quitter sa petite chambre de Pontoise et de louer une maison à Auvers. Les prix sont modiques, le lieu est délicieux, calme à souhait, et riche de sujets à peindre. Cézanne est fortement tenté. Dès l'automne il emménage dans une petite maison, tout près de la demeure des Gachet. Leurs relations sont bonnes. Sans doute Pissarro a-t-il prévenu Gachet du caractère assez particulier du peintre, de son tempérament ombrageux, rétif aux contacts physiques, et ne supportant pas la moindre atteinte à sa tranquillité. En vérité, Cézanne est soulagé. Les siens sont casés. Hortense semble heureuse. Le petit Paul va pouvoir pousser dans un cadre favorable. Nul ne viendra les traquer dans cette retraite. Il va y vivre deux belles années, entouré d'affection et d'admiration. Bien qu'il feigne l'indifférence derrière son armure goguenarde et furibonde, comment peut-on continuer à peindre sans rencontrer quelquefois des regards bénévoles et amicaux ? On commence à s'intéresser à lui. L'adoubement, la protection de Pissarro, dont la cote augmente, le font considérer d'un autre œil. Même Daubigny, qui a rencontré par hasard Cézanne en train de peindre, est ébahi : « Je viens de voir une pochade extraordinaire ; c'est d'un jeune, d'un inconnu, un certain Cézanne. » Duret, que Zola avait éconduit dans sa demande de rencontrer Cézanne, revient à la charge. Il cherche des « moutons à cinq pattes ». Il ne pourrait mieux tomber qu'avec Cézanne, lui répond Pissarro.

Auvers, un autre paradis ? Le lieu est vallonné, parsemé de jardins, de fermes, l'Oise coule paisiblement, ombragée de peupliers. Comment rendre les nuances, la gamme inépuisable des verts, des bruns d'automne, de ce coin d'Île-de-France qui semble l'exacte antithèse de la Provence ? Vérité de la couleur, qu'il faut décliner avec une attention constante, modérer les emballements — une seule règle, lui a dit Pissarro, les trois couleurs primaires, modulables à l'infini, peindre tout ce que l'on voit, apprivoiser cette complexité des teintes, des formes. Et cette autre vérité, qu'on n'arrive pas au résultat par la forme, le dessin, mais par la couleur. C'est par la couleur qu'on peut reproduire les effets de l'atmosphère.

C'est du commencement de la belle année 1873 que date l'un des premiers véritables chefs-d'œuvre du peintre, *La Maison du pendu*. Il a planté son chevalet en haut d'un chemin, face à des maisons au toit de chaume dont l'une est justement appelée « maison du pendu », comme pour en souligner son aspect inquiétant. On classera cette toile dans la série de ses œuvres « impressionnistes ». Elle est peinte par touches claires. L'ocre pâle et le vert dominent, la touche fractionnée rapproche la manière de Cézanne de celle de Pissarro ou Monet. En apparence. Car un regard plus attentif montre que Cézanne n'abandonne pas, ici non plus, son procédé favori qui consiste à appliquer des couches successives, à *plaquer* de la couleur pour obtenir le relief — procédé que Monet reprendra d'ailleurs dans sa série des cathédrales. Ce procédé semble solidifier l'espace, l'immobiliser. L'absence de toute figure humaine, dans ce tableau, lui confère davantage encore cette apparence étrange, lumineuse mais minérale : un lieu abandonné, maudit, où l'on songe au crime. Cézanne semble satisfait de cette toile. Il la choisira l'année suivante pour figurer à la première exposition impressionniste et la vendra au comte Doria. De son vivant elle sera achetée plusieurs fois.

C'est en parlant avec Gachet d'Édouard Manet, qu'ils admirent l'un et l'autre mais dont l'évocation incessante finit par agacer Cézanne et le piquer au vif, qu'il retrouve l'impulsion qui l'avait poussé, trois ans auparavant, à réaliser très vite sa première *Moderne Olympia*. À nouveau le sujet s'impose à lui. Mais Paul a acquis du métier. Presque aussi vite réalisée, cette nouvelle vision d'Olympia montre à quel point Cézanne a pris son essor, son autonomie par rapport à Manet, à quel point surtout les « leçons » de Pissarro ont porté : légère, vaporeuse, colorée, insolente, cette Olympia semble flotter sur son grand lit pareil à un nuage blanc, à de la mousse crémeuse, au-dessus d'un homme très IIIe République, sorte de Cézanne bien habillé qui la contemple, canne à la main, chapeau renversé posé à l'autre bout du canapé, tandis qu'une servante noire, d'un grand geste gracieux et tournoyant, lui ôte son dernier voile. C'est mauvais goût, c'est érotique, c'est élégant, c'est charmant, à la fois romantique dans le vaporeux onirique — et polisson. Baudelairien aussi, des meubles luisants polis par les ans décoreraient notre chambre, cet intérieur doit sentir l'ambre et le musc, bientôt le stupre. De toute évidence, Cézanne, souverain, maître de lui et de ses moyens, capable même de peindre vite, avec une désinvolture de maître d'armes essayant une nouvelle botte, s'est amusé comme un prince à organiser cette pochade. Manet ? Voilà ce que j'en fais, de votre Manet, et de sa bonne femme aux seins trop parfaits. Et voilà ce que l'on peut peindre désormais.

Gachet est épaté. D'ailleurs il est épaté par tout ce que fait Cézanne. Il lui achète la toile, comme il le fait quelquefois — manière élégante et discrète d'aider l'artiste à payer son terme car il ne vit toujours, avec sa famille, que de la maigre pension de papa. Il n'a pas changé ses habitudes et la paternité n'a pas modifié son apparence. Il est toujours hirsute, vêtu d'habits élimés, et ne dédaignant pas de jouer les affreux jojos. Pissarro reçoit souvent chez lui collectionneurs et amateurs éclairés, à qui il s'efforce avec un succès grandissant de vendre ses toiles. Un soir au dîner, Cézanne apparaît sous son aspect habituel, se gratte vigoureusement, l'air facétieux. « Ce n'est qu'une puce », dit-il à Mme Pissarro, tandis que Camille éclate de rire. Allez donc expliquer à des hôtes distingués que cet énergumène bizarre est le fils d'un richissime banquier que son père laisse croupir dans une quasi-indigence. Gachet, de son côté, se porte volontiers garant pour Paul auprès des commerçants du village, pressant l'épicier d'accepter des toiles de Cézanne quand la note tarde à être payée. « Cela vaudra cher un jour », dit-il. Comme les toiles de Pissarro qui se négocient maintenant un bon prix, l'équivalent de 2 000 ou 3 000 euros aujourd'hui.

Pissarro est un ange gardien, « quelque chose comme le bon Dieu », dit Cézanne. C'est grâce à ce mentor qu'il fait bientôt la connaissance d'un homme qui aura une grande importance pour la diffusion de son œuvre, le père Tanguy. Rien de grandiose ni d'opulent, pourtant, chez cet ancien ouvrier plâtrier qui partage les idées socialistes de Pissarro. À Paris, où il est arrivé une dizaine d'années auparavant, débarquant de sa Bretagne natale où il vendait des andouillettes avec sa charcutière d'épouse, il s'est institué marchand de couleurs. Il a même ouvert une boutique et il se fait parfois marchand ambulant, ce qui le met en contact avec nombre de peintres de plein air, comme Monet ou Pissarro. Le père Tanguy a failli perdre la vie au moment de la Commune, quand il s'est retrouvé prisonnier dans les rangs des fédérés, puis déporté à Brest, menacé du peloton d'exécution. Il a échappé de peu à la mort et, de retour à Paris, a rouvert une boutique de couleurs. Le bon Pissarro se charge de lui envoyer des clients. C'est ainsi qu'il rencontre Cézanne. Il est immédiatement séduit par cette peinture à nulle autre pareille. Tanguy est un révolté, un humble par tempérament : « Un homme qui vit avec plus de cinquante centimes par jour, c'est une canaille », dit-il. Il défend tout ce qui peut ressembler à une attaque en règle contre l'art officiel, l'art des bourgeois. Il veut la révolution, il veut une peinture belle et claire qui montre la nature, la vie, la vérité des choses, une peinture qui parle au peuple, qui touche la sensibilité simple et fraternelle du peuple. Il devient le

« fournisseur officiel » de Cézanne, lui ouvre un crédit généreux, accepte même de lui donner matériel et couleurs en échange de toiles qu'il exposera dans sa boutique. Le marché est royal. Paul salue bien bas cet amphitryon qui lui donne du « Monsieur Cézanne » long comme le bras.

Mais être exposé dans la boutique du père Tanguy n'est pas encore le signe d'une réussite foudroyante ! Le Salon reste une forteresse inexpugnable. Il faut reprendre l'idée d'une exposition privée. Tout le groupe des Batignolles y pense. Il y a six ans, en 1867, le projet avait fait long feu faute de moyens, mais la situation a changé. Beaucoup commencent vraiment à faire leur chemin, et même à vendre des toiles. Mais ils n'ont pas encore pu rassembler leurs forces, se fédérer en un mouvement qui ferait contrepoids à la dictature odieuse du jury du Salon. Même Durand-Ruel, le grand marchand de tableaux, doit cesser de leur acheter des toiles : cela nuit à sa réputation, le public ne comprend pas comment on peut vendre la peinture de ces fumistes, les Monet, les Sisley, les Pissarro. À nouveau l'horizon s'est fermé. Sans une prompte réaction on sera bientôt étouffé, enterré, sans plus aucune chance de refaire surface. Le 27 décembre, on fonde la « Société anonyme coopérative des artistes peintres, sculpteurs, graveurs, etc. ». Il est temps d'affronter de nouveau Paris.

L'exposition

Cézanne y revient au début de l'année 1874, quittant Auvers, la proximité amicale du docteur Gachet, le voisinage de Pissarro, le bonheur. En partant, il solde ses dettes chez l'épicier de Pontoise en laissant une toile. Heureux héritiers de l'épicier.

Il emménage rue de Vaugirard. À Aix, sa famille s'impatiente. Voilà bien longtemps qu'on ne l'y a vu — près de trois ans. La lettre qu'il adresse aux siens, en réponse à ces affectueuses pressions, est un mot de Cambronne assez bien troussé et joliment enrobé, assorti d'un petit chantage. Il a grandi :

Vous me demandez dans votre dernière lettre pourquoi je ne retourne pas encore à Aix. Je vous ai dit à ce sujet qu'il m'est, plus que vous ne pouvez le croire, agréable d'être auprès de vous, mais qu'une fois à Aix je n'y suis plus libre, et que lorsque je désire retourner à Paris, c'est toujours pour moi une lutte à soutenir ; et quoique votre opposition à mon retour ne soit pas absolue, je suis très affecté de la résistance que j'éprouve de votre part. je désirerais vivement que ma liberté d'action ne soit point entravée et je n'en aurai que plus de joie à hâter mon retour[1].

Et il termine en demandant à son père d'augmenter sa pension de 100 francs par mois. Bien entendu, il se garde d'expliquer les raisons de ce pressant besoin d'argent.

L'exposition de la coopérative se prépare, cahincaha. Il faut de l'argent, louer une salle, assumer des frais qui dépassent les moyens de la plupart de ces artistes. Degas dispose de quelque argent : il peut avancer les fonds. Manet refuse catégoriquement de participer à l'exposition. Il ne se conduit pas très bien, Manet. Depuis qu'il est admis au Salon et que son *Bon bock* a obtenu un franc succès, bien que cette toile fût loin d'être sa meilleure, il a tendance à considérer de haut ses confrères moins chanceux. Il refuse de paraître à côté de Cézanne et de Renoir, qu'il tient l'un pour « un maçon qui peint avec sa truelle », l'autre pour « un brave homme fourvoyé dans la peinture ». Et puis le temps passe, on vieillit, on redoute les réactions du public. En mars, le docteur Gachet demande à Pissarro d'organiser une vente au profit de Daumier, le grand peintre, illustrateur et caricaturiste, qui est en train de devenir aveugle. La coopérative y participe dans son ensemble.

Finalement, la grande exposition aura lieu du 15 avril au 15 mai 1874, non sans tergiversations. Guillemet s'est désisté, sa situation s'étant bien améliorée : il ne veut pas prendre le risque de figurer parmi ces hirsutes dépenaillés. Et il faut à tout prix éviter de donner l'impression que l'on fonde une école, un mouvement, alors qu'on ne veut que laisser se côtoyer des individualités. On a trouvé un lieu : le photographe Nadar, qui vient de quitter son vaste atelier du boulevard des Capucines, accepte de le prêter le temps de l'exposition. On fixe les heures d'ouverture et le prix d'entrée : un franc.

Cette exposition rassemble 165 œuvres signées par 27 artistes. Pissarro, Monet, Renoir, Sisley, Degas, Berthe Morisot y figurent notamment. Cézanne y expose sa *Maison du pendu* et sa *Moderne Olympia*, ainsi qu'une vue d'Auvers-sur-Oise.

Peu d'événements artistiques ont laissé une trace si profonde, suscité autant de commentaires que cette première exposition de la coopérative, que l'on n'appelle pas encore, et pour cause, exposition des impressionnistes. Aussitôt c'est le scandale, plus tonitruant encore que lors de l'exposition des refusés. La foule se presse dans un grondement d'émeute, des lazzis fusent, des rires gras, toute une hystérie méchante qui traduisent la peur, l'inquiétude, l'incompréhension. Qui a dit que l'art était une activité innocente ? C'est le pouls même d'une société, son reflet, sa dimension d'imaginaire, son aspiration au spirituel, la part du rêve qui entre au moins pour moitié dans la psyché humaine, quelque forme que cela prenne. Le public s'agglutine, fasciné et coléreux tout à la fois, devant les travaux de ceux que l'on appelle les « intransigeants », les artistes en rupture avec l'académisme, les révolutionnaires, ceux qui refusent de mettre de l'eau dans leur vin comme le font Manet ou Guillemet, de se rendre aux raisons raisonnables. S'il est vrai, comme disait Picasso, que rien ni personne n'entend proférer plus de bêtises en une journée qu'un tableau exposé, ceux de cette manifestation seront gâtés. C'est affreux, sale, révoltant, ces peintres ne regardent pas comme tout le monde, ce sont des esprits malades, des pervers, des charlatans. Ils peignent au hasard, jettent la couleur sur la toile au petit bonheur (moyennant quoi, quand des peintres procéderont vraiment de la sorte, au siècle suivant et jusqu'à aujourd'hui, on se gardera de ces glapissements bourgeois et réactionnaires pour ne pas avoir l'air hors du coup : la grande ruse de la bêtise est qu'elle sait changer de forme).

Un journaliste du *Charivari*, Louis Leroy, va sans le savoir accéder à la postérité, et pas de la meilleure façon : dans le rôle ingrat de l'imbécile, en inventant le mot « impressionnisme ». La postérité est d'ailleurs injuste, car la notion, sinon le mot, existait déjà. On la trouve chez Théophile Gautier, déplorant que Daubigny se contente d'« impression » et néglige le détail. Daubigny était même désigné par Odilon Redon comme « chef de l'école de l'impression ». Manet utilisait le mot à propos de ses propres travaux. Mais l'histoire a besoin de têtes de Turc, et ce Leroy fera notre affaire.

La foule se presse, gronde et ricane, certes, mais elle est venue. On sent bien au fond que c'est cette peinture-là qu'il faut regarder désormais, même si on n'y est pas prêt. Leroy, dans son article, feint de visiter l'exposition en compagnie d'un peintre imaginaire, Joseph Vincent, double involontaire de Joseph Prudhomme. L'article se veut ironique, indigné, faussement approbateur, délirant — tout comme cette peinture : « L'imprudent était venu là sans penser à mal ; il croyait voir de la peinture comme on en voit partout, bonne et mauvaise, plutôt mauvaise que bonne, mais pas attentatoire aux bonnes mœurs artistiques, au culte de la forme et au respect des maîtres. » M. Vincent se lance dans sa rencontre avec ces extraterrestres. Devant un champ labouré de Pissarro, « le bonhomme crut que les verres de ses lunettes s'étaient troublés ». Devant *Impression, soleil levant* de Monet, qui doit tant à Turner, l'ineffable M. Vincent ne se tient plus : « *Impression*, j'en étais sûr. Je me disais aussi, puisque je suis impressionné, il doit y avoir de l'impression là-dedans. » L'exposition a trouvé son titre par dérision : les Impressionnistes. La visite se termine par une danse du scalp devant les œuvres de Cézanne : « Hugh !... je suis l'impression qui marche, le couteau à palette vengeur, le *Boulevard des Capucines* de Monet, *La maison du pendu* et *La Moderne Olympia* de M. Cézanne. Hugh ! hugh ! hugh[2] ! »

Il n'empêche : tout ce bruit, cette publicité, ce charivari même ne sont pas vains. L'exposition est un succès de scandale, mais c'est un succès. La preuve ? Quelques jours après l'article de Leroy, un visiteur se présente à l'exposition. Cet homme distingué, ardent, généreux est le comte Doria, un grand collectionneur qui a défendu Corot à ses débuts. Devant *La Maison du pendu*, il s'arrête un long moment, débat, soliloque devant son fils, cherche toutes les raisons de détester, puis il se rend. Il a vu, il a reconnu dans cette composition, dans ces masses, dans ce mouvement tellurique qui semble faire surgir la maison de la terre une œuvre de premier plan : il achète.

Il y a un grand absent à cette exposition : Zola. Il y est venu, comme furtivement, a pris quelques notes que l'on retrouvera, dix ans plus tard, dans *L'Œuvre* : « Les faces se congestionnaient dans la chaleur croissante, chacune avec la bouche ronde et bête des ignorants qui jugent de la peinture, exprimant à elles toutes la somme d'âneries, de réflexions saugrenues, de ricanements stupides et mauvais, que la vue d'une œuvre originale peut tirer à l'imbécillité bourgeoise[3]. » Mais Zola se garde bien d'écrire quoi que ce soit dans la presse pour défendre ses amis. Prudence ? Désintérêt ? Il est tout à son œuvre dont les premiers volumes n'ont eu aucun succès. Un travail de titan, des romans patiemment construits, puissants eux aussi, à leur manière, pour un bien maigre résultat.

Pissarro est, au total, satisfait de l'aventure : « Notre exposition va bien, c'est un succès. La critique nous abîme et nous accuse de ne pas étudier. Je retourne à mes études, cela vaut mieux que de lire ; on n'apprend rien avec eux. »

Baigneuses

Cézanne ne s'attarde pas à Paris. Dès l'exposition finie, il part pour Aix, seul, laissant Hortense et Paul, qui a deux ans et demi, se débrouiller sans lui. Mais le moyen de faire autrement ? Il s'en va rongé par le remords, mécontent de lui-même, sans dire au revoir à son ami Pissarro — sans doute pour ne pas entendre ses conseils, ses douces remontrances. Cette situation ne pourra s'éterniser, mieux vaudrait crever l'abcès tout de suite, avouer à Louis-Auguste l'existence de Paul. Mais Cézanne ne peut pas. Il n'a pas assez grandi pour affronter la colère de Louis-Auguste, la honte d'avouer qu'il a fait un enfant, qu'il a fécondé une femme, qu'il participe de ce grouillement de la vie qui se transmet, des sexes qui se cherchent, des héritiers qui naissent. Et hors mariage. De quoi vous foutre un patrimoine en l'air et manger la fortune. Non, il ne peut pas. Il se doute que l'avarice de Louis-Auguste est devenue encore plus féroce, avec l'âge. Son avarice, son irascibilité, sa méchanceté. C'est plus fort que lui, il en a peur. Il ira d'abord seul, on verra par la suite.

Il n'est pas déçu à son arrivée : Louis-Auguste est encore pire que ce qu'il avait imaginé. N'ayant plus la banque et ses employés pour exercer sa manie de l'autorité, il est devenu proprement odieux. Les échos des frasques picturales de son fils sont parvenus jusqu'à Aix. Il a bonne mine, Paul, on se fout de lui, c'est la honte de la famille. Cézanne invoque le docteur Gachet, ce grand homme, libéral, accueillant, qui a tout compris de sa peinture. Louis-Auguste hausse les épaules. Quoi, Gachet ? Il a un métier, lui, c'est un bon médecin. Quant à laisser Paul (trente-cinq ans) repartir, on en parlera plus tard.

Il n'empêche que Paul, sitôt arrivé, a repris ses pinceaux : une lettre à Pissarro[1], dans laquelle il s'excuse pour son brusque départ, l'atteste. Passionnante lettre, qui nous apprend qu'il n'a pu avoir de nouvelles de son petit Paul que par l'entremise de Valabrègue, rentré de Paris, son délicieux père ouvrant ses lettres et lisant son courrier. Il évoque aussi le grand succès obtenu par Guillemet au Salon, ce qui lui inspire, sur la nature profonde de sa propre démarche, cette phrase éloquente : « Voilà qui prouve bien qu'en suivant la voie de la vertu, on est toujours récompensé par les hommes, mais pas par la peinture. » Enfin, il narre plaisamment son entrevue avec Honoré Guibert, le fils de son ancien professeur qui a pris sa place à la direction du musée :

Mais sur mes affirmations qu'en voyant mes produits il n'aurait pas une idée bien juste des progrès du mal et qu'il

fallait voir les travaux des grands criminels de Paris, il m'a dit :
« Je saurai bien me faire une idée des dangers que court la
peinture en voyant vos attentats. » — Sur ce, il est venu, et
lorsque je lui disais par exemple que vous remplaciez par l'étude
des tons le modèle, et que je tâchais de lui faire comprendre sur
nature, il fermait les yeux et tournait le dos. — Mais il a dit
comprendre, et nous nous sommes séparés contents l'un de
l'autre.

En cet été torride, à Aix, Cézanne peint des paysages. Les tracasseries familiales semblent n'avoir
que peu de prise sur lui. Ses paysages de Provence
se mettent curieusement à ressembler à ceux de
l'Île-de-France. Les soleils mouillés de ces ciels
brouillés… Mais voici que dans cette nature ouatée,
au bord de l'eau, apparaissent soudain des silhouettes de femmes nues, des baigneuses innocentes aux
formes charnues, un rien callipyges… Elles l'ac-
compagneront de longues années, au cours de sa
brève période « impressionniste » d'abord, et bien
au-delà.

Étranges baigneuses… Qui sont ces femmes qui
ne rencontrent jamais leurs homologues baigneurs,
autre série étonnante et problématique ? Ce ne sont
pas des femmes, justement, ou à peine. Rien d'anec-
dotique dans ces figures qui semblent des divinités
primitives. Rien des chairs opulentes de Renoir, des
délicatesses des danseuses de Degas. Rien même
de la sensualité, un peu fruste mais offerte, des
Tahitiennes de Gauguin. Des blocs, des masses
pyramidales qui se fondent à la nature, souvent
vues de dos, vaguement androgynes, en tout cas
fortement désexuées, à tel point qu'on n'a pas

manqué de percevoir chez Cézanne une « homo-sexualité latente ». En tout cas, jusqu'aux dernières toiles gigantesques traitant ce thème, ces *Baigneuses* gênent. Ce ne sont pas de « belles femmes ». Elles ne sont pas là pour nous dire la vie, le désir, la féminité, mais pour occuper l'espace. Elles ne sont pas inscrites dans le temps, mais dans la matière. Leurs visages sont réduits à une ébauche. Primitives, oui, comme surgissant d'un temps d'avant l'histoire, d'avant même les mythologies, grandes machines à récits. Ces femmes ne nous racontent rien, elles sont. Non pas déshabillées, mais jamais encore habillées, ce qui fait une certaine différence. Ces *Baigneuses* sont, avec la montagne Sainte-Victoire, l'entreprise majeure des vingt dernières années de la vie de peintre de Cézanne. Vingt ans de lutte pour se dégager de la tradition, de Poussin, du Greco, pour trouver la voie ultime d'une architecture rythmée, grandiose, presque abstraite, dont Picasso se souviendra en composant ses *Demoiselles d'Avignon*.

Sur les marges
de l'impressionnisme

Cézanne est de retour à Paris dès septembre 1874. Cette fois il a résisté aux hésitations sadiques de Louis-Auguste. Le devoir l'appelle. Il retrouve Hortense et le petit Paul, qui lui fait fête. Le peintre est étrangement sûr de lui. La certitude qu'il a choisi la bonne route, la seule, lui donne une force conquérante. La recherche du succès à tout prix est une vulgarité, il en a maintenant la certitude, et chercher le suffrage des médiocres est le meilleur moyen de vendre son âme. Une lettre à sa mère témoigne de ces dispositions d'esprit combatives :

Je commence à me trouver plus fort que tous ceux qui m'entourent, et vous savez que la bonne opinion que j'ai sur mon compte n'est venue qu'à bon escient. J'ai à travailler toujours, non pas pour arriver au fini, qui fait l'admiration des imbéciles. — Et cette chose que vulgairement on apprécie tant n'est que le fait d'un métier d'ouvrier, et rend toute œuvre qui en découle inartistique et commune. Je ne dois chercher à compléter que pour le plaisir de faire plus vrai et plus savant[1].

Plus vrai et plus savant. Les deux seuls adjectifs

qui puissent définir la recherche artistique qu'il a entreprise. Vérité et science, conscience que l'œuvre d'art n'est pas affaire de spontanéité, ni simplement d'habile exécution. Il s'agit de créer un autre monde, d'arriver au vrai non par le vraisemblable ou l'imitation, mais par l'autonomie de la forme. L'impressionnisme est une étape, un renouvellement, une bouffée d'air pur. Mais cela ne suffit pas. Il ne suffit plus de peindre la beauté de la nature, la lumière, le plein air et de se laisser guider par ses sensations : tout artiste est dépositaire d'une vision du monde, donc d'une architecture. Il faut aussi tenir compte de la puissante profondeur des héritages, intégrer à son art tout ce que les maîtres nous ont déjà légué — les Rembrandt, les Tintoret, les Chardin. Cézanne, maintenant, se sent en mesure, pinceaux en main, de dialoguer avec les plus grands.

Cependant, tout le monde est dans la panade, ou peu s'en faut. Les suites de l'exposition impressionniste ne sont pas aussi glorieuses qu'on l'avait espéré. Le soufflé est retombé très vite. Et il faut payer l'addition. En décembre 1874, Renoir réunit les participants à l'exposition pour faire les comptes. Chacun doit à la caisse commune la somme de 184,50 francs. Pour Cézanne, c'est plus d'un mois de la pension que lui verse Louis-Auguste, et encore n'est-il pas le plus mal loti. Une catastrophe. Avec une femme et un enfant à charge… Il va falloir présenter la note au vieux radin qui hurlera, tempêtera. Non seulement mon fils est un raté qui passe pour un imbécile, mais en plus il me coûte de l'argent, etc. Prévisions justifiées.

Pour tenter de payer la note, Monet, Renoir et Sisley organisent au mois de mars de l'année suivante une vente à l'Hôtel Drouot. Cézanne s'abstient. Il a vu juste. La vente provoque une nouvelle émeute. Chaque présentation de tableau est l'occasion d'un chahut. La salle est en ébullition. On hurle, on s'insulte, la morale est bafouée, la société en danger. La police intervient. Les tableaux partent pour des sommes ridicules. Quiconque se trouvant là ce 24 mars 1875, doté d'un peu d'intuition et de jugeote, eût pu faire la fortune de ses descendants jusqu'à la douzième génération. Mais l'intuition n'est pas la chose au monde la mieux partagée. Comme l'écrit Albert Wolf, critique au *Figaro* : « L'impression que procurent les impressionnistes est celle d'un chat qui se promènerait sur le clavier d'un piano, ou d'un singe qui se serait emparé d'une boîte à couleurs. »

Parmi les rares soutiens de ce groupe sur lequel le mauvais sort s'acharne, se trouve un jeune homme à l'allure distinguée, un peu frêle. Il s'appelle Gustave Caillebotte. Héritier d'une coquette fortune, il se passionne, entre beaucoup d'autres choses, pour la peinture. Son argent lui permet d'acheter des toiles à ses amis peintres, manne providentielle. Il a un goût prononcé pour tout ce qui a été rejeté par l'art officiel. Il vient d'être reçu à l'École des Beaux-Arts, mais n'y restera pas longtemps. Pour l'heure, le futur auteur des *Raboteurs de parquet* est dans la salle, s'efforçant de faire monter les enchères. En vain.

Il n'est pas le seul. Un autre homme prend fait et cause pour les peintres outragés. Il est grand, mince, le visage émacié — un Greco. Il s'agit de Victor Chocquet, fonctionnaire des Douanes et amateur de peinture, Delacroix en particulier. Lui n'est pas un mécène. Ses modestes émoluments de fonctionnaire lui permettent à peine d'acheter quelques toiles, en se privant. C'est un pur, un passionné, un esthète fauché, même si son épouse est en attente d'héritage, prêt à jeûner un mois pour s'offrir un Delacroix : il en a accumulé une vingtaine, mais aussi des Courbet, des Manet, des meubles précieux. Son appartement est un musée, une succursale du Louvre. Quand il découvre Cézanne et sa peinture, c'est le coup de foudre. Ils se rencontrent grâce à Renoir, qui l'a conduit chez le père Tanguy. Chocquet est un mystique de l'art, à une époque où l'art commence à remplacer la religion dans l'imaginaire de quelques *happy few*. Deux mille ans plus tôt, il eût suivi saint Paul sur le chemin de Damas. Ses saints, ses dieux, aujourd'hui, sont Renoir, Delacroix, bientôt Cézanne. Chez Tanguy, il achète des *Baigneuses*. Il fait croire à sa femme, dont il craint la réaction, que la toile est à Renoir, qu'il l'a oubliée chez eux, afin qu'elle s'habitue à cette peinture inouïe. Peu après, il demande à rencontrer Cézanne. Le peintre, apprenant que Chocquet détient une importante collection de Delacroix, se précipite chez lui et demande aussitôt, sans fioritures ni fausses politesses, à voir les œuvres. Chocquet déploie ses trésors. Leur amitié naît de cette admiration commune. Ils contemplent tableaux et dessins de leur idole, admirent, en extase, se transmettent leur émotion, pleurent. Ils se reverront souvent, communiant dans leur passion. Peu de temps après, Cézanne entreprend de peindre Victor Chocquet. Les différents portraits qu'il réalisera de cet ami son parmi ses plus belles œuvres.

*

Et Zola, que devient-il ? Il trépigne. En 1874, il a publié *La Conquête de Plassans*. En fait de conquête, c'est plutôt Waterloo : quelques centaines d'exemplaires vendus, pas un article dans la presse. On ne jure que par Duranty, Champfleury, faux réalistes, écrivains médiocres et plats. Mais, imperturbable, Zola poursuit la composition du grand œuvre. Il en est au cinquième tome. Cela s'appellera *La Faute de l'abbé Mouret*. Dans ce récit qu'il situe en Provence, au domaine de Galice, dans ce Paradou enivré de senteurs, il s'offre une grande orgie d'images, de visions lascives, une débauche de descriptions sensuelles où la nature et le désir vibrent à chaque page. Nom d'un chien, si avec ce roman turgescent, lyrique, emporté, il ne parvient pas à vaincre l'indifférence, l'ostracisme où on l'enferme, c'est à n'y plus rien comprendre. Zola réagit à ses frustrations d'auteur en agitant ses vieux démons, son romantisme exacerbé qu'il a tant cherché à brider dans l'analyse

« objective ». Il veut forcer l'apathie qui accueille ses productions : ce ne sera pas encore pour cette fois.

L'époque est sombre. Le bourgeois épargne, peu confiant dans les lendemains. La grande peur de la Commune a laissé des traces. Ce n'est pas le moment d'acheter de la peinture, ni de s'intéresser aux élucubrations de romanciers qui se poussent du col.

Cézanne se soucie peu de ces péripéties. Il peint. Il habite maintenant l'île Saint-Louis, quai d'Anjou, dans l'ancien atelier de Daubigny. De cette époque datent quelques autoportraits. Il ne se peint pas par vaine complaisance narcissique, et d'ailleurs il ne se flatte guère. Il est un objet d'étude comme les autres, comme Hortense quand il réussit à la faire poser pour d'autres « études » où elle est peu à son avantage : Cézanne ne peindra jamais sa compagne en homme amoureux, si l'on excepte un merveilleux et touchant dessin aquarellé qui date de 1881. Visage inexpressif ou sévère, seule la peinture semble revêtir une réalité tangible. Il cherche à opérer la synthèse des jeux de lumière et de la stabilité de la matière. Les portraits de cette période montrent que ses recherches s'orientent dans des directions différentes. Ses autoportraits racontent l'histoire de cette évolution. Dans celui du musée d'Orsay, il est hirsute, sauvage, un homme des bois surgi de quelque ermitage médiéval : traits du visage fortement accentués, épaisses couches de couleurs, contraste violent entre les tons sombres des habits et le visage, blafard. Peu à peu l'apparence s'adoucit, sans que le visage perde de sa rugosité ni de sa densité : le *Portrait de l'artiste au fond rose* traduit encore cette animalité, cette incroyable tension inquiète. Cette magnifique tête d'homme au front majestueux, à la barbe domestiquée, comme entourée de nuées, semble un pas vers les grands maîtres du portrait mais laisse une impression de masse, de puissance angoissée.

Tout autre est le portrait de Victor Chocquet, peint par petites touches nuancées, ou la série des portraits d'Hortense, où l'équilibre de la lumière et de la matière se trouve dans l'opposition entre la légèreté du décor et la dureté minérale du visage.

Il ne voit presque plus personne. Enfermé tout le jour dans son atelier, ses rares sorties le conduisent rue Clauzel, à la boutique du père Tanguy, où il achète des couleurs et des toiles et dépose quelques œuvres nouvelles. Quant aux rencontres de cafés, il y a presque renoncé. Les bavardages d'artistes, les jugements à l'emporte-pièce échauffés par la boisson lui sont devenus insupportables. D'ailleurs les mouches ont changé d'âne. Délaissant le café Guerbois, la mode a maintenant transporté tout ce petit monde place Pigalle, à la Nouvelle Athènes. C'est bien loin du quai d'Anjou, et il n'est pas le bienvenu parmi ces bavards. On y parle politique, et la politique l'ennuie. Chacun sait d'ailleurs qu'il n'est pas sortable. Un jour, invité à dîner chez Nina de Villars, une jeune pianiste amie des artistes, il arrive à une heure de paysan, beaucoup trop tôt, surprend la soubrette à demi nue, s'en retourne cuver sa honte. Il reviendra pourtant chez cette hôtesse avenante, fantaisiste, gaie, où l'on se conduit sans façon. Il y retrouve Alexis et le docteur Gachet. Et il y rencontre un étrange personnage, un touche-à-tout, philosophe, musicien, un « raté de génie » plus remarquable par ses saillies drolatiques que par ses œuvres, Cabaner. Ignorant la jalousie, l'amertume, Cabaner deviendra l'un des soutiens les plus fidèles de Cézanne.

Peu fait pour le monde, Paul n'est guère plus à l'aise dans la vie familiale et domestique. Il adore son petit Paul, il s'amuse de le voir arranger ses toiles à sa façon, les massacrant à plaisir, trouant les fenêtres des maisons ou crevant les yeux des personnages. De toute manière, c'est si mauvais, la plupart du temps... Quant à ses relations avec Hortense... Il la supporte, il la respecte, mais il faut se rendre à l'évidence : il ne l'aime pas comme on peut aimer. Elle ne lui cause pas, et moins que jamais, ces grands transports dont il a lu les effets toute son adolescence chez ses poètes favoris. Pas fait pour cette vie-là. Mais pour laquelle ? La vraie vie est absente.

Les rares fois où il sort, il n'emmène pas Hortense. Pourrait-il la présenter comme Mme Cézanne ? Non. Alors elle reste à la maison. On ne sait rien de la vie d'Hortense, de sa difficulté à joindre les deux bouts pour élever leur fils. Elle est, de toute éternité, Hortense. Un jour Mme Paul Cézanne. Encore dix ans à attendre. Qu'a-t-elle compris de l'homme dont elle a partagé la vie pendant plus de trente ans, avec il est vrai de très longues, de plus en plus longues périodes de séparation ? Une bonne épouse est une épouse qui vous fiche la paix, qui ne vous met pas constamment « le grappin dessus ».

En avril 1876, quand s'ouvre la deuxième exposition impressionniste, Cézanne est reparti pour Aix. Il a envoyé une toile au Salon, refusée comme les autres. En Provence, il reçoit des nouvelles de l'exposition à laquelle il ne participe pas. La presse, à nouveau, tire à boulets rouges sur le malheureux groupe. Le regrettable Wolf, toujours dans *Le Figaro*, se déchaîne : « La rue Le Peletier a du malheur. Après l'incendie de l'Opéra, voici un nouveau désastre qui s'abat sur le quartier... Cinq ou six aliénés dont une femme, un groupe de malheureux atteint de la folie de l'ambition, s'y sont donné rendez-vous pour exposer leurs œuvres. Il y a des gens qui pouffent de rire devant ces choses. Moi, j'en ai le cœur serré. Effroyable spectacle de la vanité humaine s'égarant jusqu'à la démence. » On sait quel franc succès aura au XXe siècle, dans les régimes totalitaires, l'imputation de démence... Même Duranty, le héraut du réalisme en littérature, y va de son trait d'esprit : « Pour que Cézanne mette tant de vert sur sa toile, il faut qu'il s'imagine qu'un kilogramme de vert fait plus vert qu'un gramme. » Que pourrait faire Cézanne dans cette atmosphère irrespirable de haine et de mise à mort ? Comme il a eu raison de ne pas participer à cette exposition, où il n'y a que des coups inutiles à prendre ! À quoi bon lutter face à tant de mauvaise foi ? Seule issue, continuer : cela prendra le temps qu'il faudra. Que sont quelques années quand on se sait le plus fort, qu'on a la conviction intime qu'on durera...

À Aix il fait un temps de chien. En avril toujours, il écrit ironiquement à Pissarro : « Il vient de faire ici une quinzaine de jours très aquatiques. Je crains fort que ce temps n'ait été général. Chez nous autres il a tant gelé que toutes les récoltes de fruits, de vigne sont perdues. Mais voyez l'avantage de l'art, la peinture reste. »

En juillet il est à l'Estaque. Il peint des marines pour Victor Chocquet. À Pissarro encore : « J'ai commencé deux petits motifs où il y a la mer. (...) C'est comme une carte à jouer. Des toits rouges sur la mer bleue. » Suit une réflexion fulgurante sur le paysage alentour : « Le soleil y est si effrayant qu'il me semble que les objets s'enlèvent en silhouettes non pas seulement en blanc ou noir, mais en bleu, en rouge, en brun, en violet. Je puis me tromper, mais il me semble que c'est l'antipode du modelé[2]. » La Provence, terre d'immobilité, terre immuable dont l'apparence change à peine avec les saisons, « des oliviers et des pins qui gardent toujours leurs feuilles » — terre qui lui convient à lui, qui donne le temps nécessaire au modelé de la toile contrairement à la changeante Île-de-France. Il lui faut cette permanence, gage d'une lente maturation pour ces motifs « qui demanderaient trois à quatre mois de travail » — le temps, ce grand sculpteur. Et tant pis pour les habitants de l'Estaque : « Si les yeux des gens d'ici

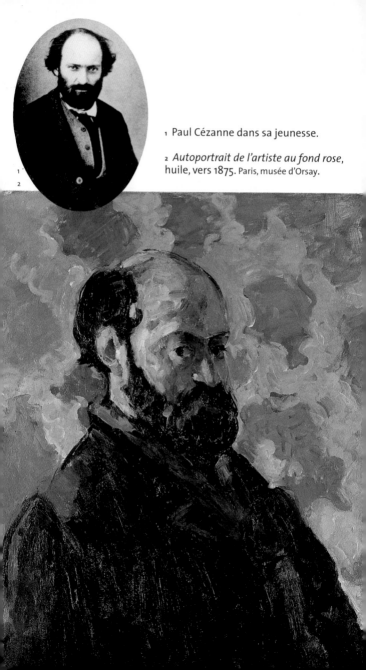

1 Paul Cézanne dans sa jeunesse.

2 *Autoportrait de l'artiste au fond rose*, huile, vers 1875. Paris, musée d'Orsay.

6

7

8

9

10

« *Tout se résume en ceci : avoir des sensations et lire la Nature.* »

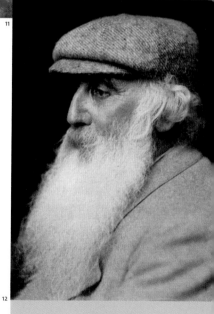

9 Cézanne, *Le Clos des Mathurins à Pontoise*, huile sur toile, 1875.
Moscou, musée Pouchkine.

10 Cézanne, *La Maison du pendu, Auvers-sur-Oise*, huile sur toile, 1873.
Paris, musée d'Orsay.

11 Pissarro, *Rue de l'Ermitage, Pontoise*, huile sur toile, 1875.
Bâle, Kunstmuseum.

12 Camille Pissarro. Photographie de Frederick Hollyer. The Stapleton Collection.

13

14

13 Cézanne, *Le Bassin du Jas de Bouffan aux arbres dénudés*, mine de plomb et aquarelle, 1878. Winterthur, Collection Reinhart.

14 Cézanne, *Le Vase bleu*, huile sur toile, 1889-1890. Paris, musée d'Orsay.

15 Cézanne, *La Montagne Sainte-Victoire*, huile sur toile, 1896-1898. Saint-Pétersbourg, musée de l'Ermitage.

16 Cézanne, *La Montagne Sainte-Victoire vue des Lauves*, huile sur toile, 1902-1904. Philadelphia Museum of Art.

15

16

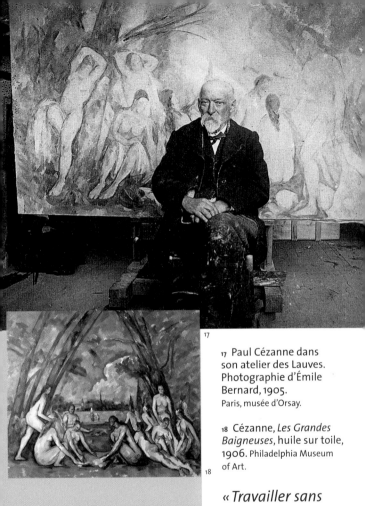

17 Paul Cézanne dans son atelier des Lauves. Photographie d'Émile Bernard, 1905. Paris, musée d'Orsay.

18 Cézanne, *Les Grandes Baigneuses*, huile sur toile, 1906. Philadelphia Museum of Art.

« *Travailler sans souci de personne et devenir fort, tel est le but de l'artiste, le reste ne vaut même pas le mot de Cambronne.* »

lançaient des œillades meurtrières, il y a long-temps que je serais foutu. Ma tête ne leur convient pas[3]. »

À qui convient-elle, sa tête, d'ailleurs ? Pas même à son père, qui refuse obstinément de lui augmenter sa pension. Pourquoi tant d'argent ? À croire que le vieux commence à se douter de quel-que chose. Quand Cézanne quitte Aix, courant août, il n'a pas obtenu un liard de plus. Il retrouve Paris en révolution.

*

En cet été 1876, un événement défraie la chro-nique. Il s'agit d'un roman d'Émile Zola, *L'As-sommoir*, qui paraît en feuilleton dans *Le Bien public*. Ça y est, ce diable d'Émile a fini par réus-sir son coup. On ne parle que de ce livre : Ger-vaise, Coupeau, Lantier, l'atmosphère sordide de l'estaminet, la vie misérable du petit peuple, le destin pitoyable de ces victimes d'un monde trop dur. Et surtout, on n'y cache rien des mœurs de ce milieu, de l'odieuse promiscuité, de cette réalité sur laquelle il est de bon ton de jeter d'ordinaire un voile pudique. Scandale. Des lettres indignées arrivent au journal, les désabonnements pleuvent, à tel point que *Le Bien public* a interrompu la pu-blication. Catulle Mendès a pris le relais dans *La République des Lettres*. Cette fois, la censure ne passera pas. Mais Zola est insulté, caricaturé, exhibé sous les apparences les plus grotesques. En somme, c'est un triomphe.

Cézanne est heureux de ce succès. Il est heureux des succès des gens qu'il aime. Mais il retrouve ses collègues peintres dans une situation moins avantageuse que celle de Zola. La critique continue à se montrer réticente. Caillebotte se démène, n'épargnant ni son temps ni son argent, il rédige même son testament, malgré ses vingt-huit ans, stipulant que s'il venait à disparaître, une somme importante serait allouée à l'exposition impressionniste de 1877. Caillebotte est persuadé qu'il mourra jeune. L'exposition de 1877 se prépare, et Cézanne, désormais, a bien l'intention d'y participer. Il y occupera une place d'honneur : seize de ses œuvres sont accrochées parmi lesquelles des natures mortes, des paysages, une étude de baigneurs, et surtout le fameux portrait de Victor Chocquet.

L'exposition ouvre le 4 avril, grâce aux efforts inlassables de Caillebotte. On a fait sienne la formule ironique de Leroy : c'est bien l'exposition des impressionnistes qui a lieu une troisième fois dans le vaste appartement de la rue Le Peletier, où se côtoient des splendeurs : *Les Dindons blancs* de Monet, les vues de la gare Saint-Lazare, *La Balançoire* de Renoir et son fameux *Bal au moulin de la Galette*. Les Cézanne sont accrochés dans le grand salon, près des œuvres de Berthe Morisot. Et les Sisley, les Pissarro, les Caillebotte… Degas occupe une galerie entière. Au total, ce sont 240 œuvres qui se découvrent aux visiteurs, nombreux. Mais, une fois encore, les réactions de la critique sont exécrables. La foule, qui ne demande qu'à s'exciter, suit le mouvement. Un certain Barbouillotte (sans doute un fin pseudonyme) signe ces paroles ailées dans *Le Sportsman* : « Il est impossible de stationner plus de dix minutes devant quelques-unes des toiles les plus à sensation de cette galerie sans évoquer aussitôt le souvenir du mal de mer… C'est peut-être cela qui faisait dire à quelques amateurs : "On ne saurait nier qu'il y ait des choses biens rendues." »

Cézanne est accablé, écœuré. Son portrait de Victor Chocquet, autrement appelé *Tête d'homme*, est la proie de toutes les moqueries. Pourtant, quelle présence, quelle émotion dans ce visage : des petites touches, diversifiées à l'infini, lui donnent une densité, une mobilité extraordinaires. On sent bien qu'il y a quelque chose dans ce portrait « d'une étrangeté voulue », sur laquelle on ne sait pas mettre des mots. Alors on parle de « Billoir en chocolat », du nom d'un célèbre assassin. Un assassin, un fou, c'est pareil, et même un fou peint par un fou. L'ineffable Leroy fait encore l'homme d'esprit : « Si vous visitez l'exposition avec une femme dans une position intéressante, écrit-il dans *Le Charivari*, passez rapidement devant le *Portrait d'homme* de M. Cézanne. Cette tête couleur de revers de botte d'un aspect si étrange pourrait l'impressionner trop vivement et donner la fièvre jaune à son fruit avant son entrée dans le monde. »

Il faut saisir l'enjeu considérable de ces querelles. La photographie est maintenant à même de représenter le réel au plus près et de prendre le relais de la peinture dans sa fonction de témoin. La matière peinture, avec un tel portrait, fait partie du grand tout de la vie, de la couleur, des formes.

Elle n'imite plus seulement le monde, elle s'y ajoute. L'artiste s'affirme comme le maître absolu de la réalité qu'il recrée. Et on voudrait que cela ne cause aucun scandale ?

Cézanne trouve pourtant un nouveau défenseur en la personne de Georges Rivière. Dans *L'Impressionniste*, petite feuille vendue sur les boulevards au moment de l'exposition, Rivière montre qu'il a tout compris de l'effort héroïque de Cézanne :

Ces rires et ces cris partent d'une mauvaise foi qu'on n'essaie même pas de dissimuler. On vient devant les tableaux de M. Cézanne pour se dilater la rate. Pour ma part, j'avoue que je ne connais pas de peinture qui porte moins à rire que celle-là... M. Cézanne est un peintre et un grand peintre. Ceux qui n'ont jamais tenu une brosse ou un crayon ont dit qu'il ne savait pas dessiner, et ils lui ont reproché des imperfections qui ne sont qu'un raffinement obtenu par une science énorme... Ses natures mortes si belles, si exactes dans le rapport des tons, ont quelque chose de solennel dans leur vérité. Dans tous ses tableaux, l'artiste émeut, parce que lui-même ressent devant la nature une émotion violente que la science transmet à la toile.

*

Cette année-là, c'est Zola qui séjourne à l'Estaque de mai à octobre. Les ventes de *L'Assommoir*, qui en est à sa trente-cinquième édition, lui ont rapporté 18 500 francs, un pactole. Il s'est attaqué à son prochain roman, *Une page d'amour*, et coule d'heureux jours au bord de la Méditerranée dont il retrouve les rivages avec un plaisir d'autant plus vif qu'il y revient riche et triomphant. Il est loin le temps des mouillettes de pain trempées dans l'huile d'olive. Il mange, dit-il, « sans mesure », se gave « de tout un tas de saletés », de bouillabaisses et de coquillages, comme un ancien pauvre qui peut enfin donner libre cours à sa gloutonnerie.

Cézanne est resté à Paris. Il peint. Souvent il s'échappe à Pontoise et travaille en compagnie de Pissarro, ou à Issy-les-Moulineaux avec Guillaumin. Cette proximité lui permet de constater combien le fossé se creuse entre eux. Ces chatoiements de lumière manquent de matière, d'espace. Cézanne approfondit sa méditation. La nature, ce n'est pas que la lumière. Besoin physique de structure, de construction, d'élaboration. « L'artiste ne note pas ses émotions comme l'oiseau module ses sons : il compose. »

Le besoin de Provence se fait de nouveau sentir. Fin août, il écrit à Zola et le charge d'une commission pour sa mère, car il compte passer l'hiver à Marseille. « Si le mois de décembre venu, elle veut se charger de me trouver un tout petit logement de deux pièces à Marseille, pas cher, dans un quartier cependant où on n'assassine pas trop, elle me fera bien plaisir. » C'est qu'il a l'intention, cette fois, d'emmener Hortense et le petit Paul. Trois jours plus tard, il abandonne le projet. Un voyage là-bas en famille, c'est trop compliqué. Il renâcle, tergiverse. Qu'est-ce qui le fait changer finalement d'avis ? Les protestations d'Hortense, peut-être, qui ne veut pas passer encore des mois, seule à Paris avec Paul, dans une situation précaire ? Le sens du devoir ou l'envie, une bonne fois, d'affronter ces « plus sales êtres du monde » et de leur dire leur fait, quitte à rompre ? Toujours est-il qu'au début de mars 1878 Cézanne prend le train pour la Provence, sa famille sous le bras.

Famille, famille

Il a répondu à une noble impulsion, ou simplement à l'impérieuse nécessité matérielle. Il ne tarde pas à s'en mordre les doigts. Ce séjour tourne au cauchemar, ou à la farce de boulevard. Avant de quitter Paris, il a signé une reconnaissance de dettes au père Tanguy, pour la somme de « deux mille cent soixante quatorze francs, quatre-vingts centimes, valeur reçue en fournitures de peinture ». À l'Estaque, la situation devient vite catastrophique. Louis-Auguste, tapi dans son Jas de Bouffan comme une bête aux aguets, est odieux. Il semble évident qu'il soupçonne la liaison de Paul. Et l'existence de son petit-fils ? « Il paraît que j'ai des petits-enfants à Paris », aurait-il dit. Cézanne est aux abois. Il écrit à Zola, lui demande de l'aide : « La situation se tend fortement entre mon père et moi, et je suis menacé de perdre toute ma pension. » Une lettre de Chocquet, que Louis-Auguste a ouverte, parlait en effet de « madame Cézanne et du petit Paul ». Cézanne cherche un emploi : « Je sollicite donc de ta bienveillance à mon égard de chercher dans ton entourage et par ton influence à me caser quelque part, si tu juges la choses possible. » Cinq jours plus tard, nouvelle lettre désespérée : le vieux va réduire sa pension à 100 francs par mois, et le petit Paul est malade, atteint d'une fièvre muqueuse.

Cézanne n'est pas homme à geindre sur son sort. Mais cet épisode paraît invraisemblable : ce grand artiste, d'une force de volonté hors du commun quand il s'agit de son travail, en est réduit à demander de l'argent à son ami parce qu'il tremble devant son père. Il lui demande même de lui écrire moins abondamment, car il a dû payer 25 centimes pour insuffisance d'affranchissement. N'en fait-il pas trop ? Il est à craindre que non. Il a trente-neuf ans, son père est richissime, et il se débat dans une misère noire. On voudrait croire que Louis-Auguste n'a pas mesuré toute l'étendue du désastre que vit son fils, qu'il est simplement resté cabré sur ses principes : un homme doit gagner sa vie, et Paul ne fait rien pour cela. Paul pourrait d'ailleurs exiger sa part depuis que son père a liquidé ses affaires. Il n'y songe même pas. Cœur pur.

Le petit Paul est malade, Mme Cézanne mère est malade, gravement semble-t-il. Cézanne travaille à l'Estaque, mais il a logé sa famille à Marseille, rue de Rome, et il couche à Aix. Il passe son temps à faire la navette entre ces trois lieux. Croit-il donner le change ? À quoi bon s'obstiner dans ces non-dits, cette comédie pitoyable, alors que tout le monde sait — ou se doute ? Il déploie des ruses de Sioux pour cacher la présence des siens. Depuis trois ans, un chemin de fer relie Aix à Marseille. Cézanne s' « esquive » (dit-il) pour aller passer un peu de temps auprès de son fils malade. Ayant mal lu l'indicateur des horaires, il manque le dernier train pour Aix. Épouvante : il va être en retard pour le dîner. Il se met en route, à pied. Trente kilomètres séparent les deux villes. D'ordinaire une telle distance ne lui fait pas peur. Paul, c'est l'homme qui marche. Trente kilomètres. « J'ai été une heure en retard », écrit-il à Zola.

Pour Louis-Auguste, tous les prétextes sont bons. « Il tient de différentes personnes que j'ai un enfant. Il tâche de me surprendre par tous les moyens possibles. Il veut m'en débarrasser. » Louis-Auguste devient un monstre archaïque, clanique, dévorant ses enfants, tout droit sorti d'une tragédie grecque ou des plus obscures mythologies. « Il serait trop long de t'expliquer le bonhomme, mais les apparences chez lui sont trompeuses, tu peux m'en croire sur parole. » Cézanne est une heure en retard pour le dîner. Seulement. Louis-Auguste fait la tête, soupçonneux, maugréant, tatillon, méchant. La tribu se tient coite. Horrible mystère des macérations familiales, atroce carcan des âmes, nid à névroses qui détruit les esprits fragiles. N'importe qui d'étranger dirait son fait à Louis-Auguste et lui mettrait le nez dans son vomi. Mais dans la famille on ne pipe mot. « Je te prie d'envoyer soixante francs à Hortense », écrit Cézanne à Zola. En mai, en juin, en juillet, en août, il réitère la même demande. Zola s'exécute. « Ma bonne famille, excellente d'ailleurs, pour un malheureux peintre qui n'a jamais rien su faire, est peut-être un peu avare, c'est un léger travers, bien excusable sans doute en province. » Qu'en termes galants…

Si encore il était entouré d'interlocuteurs à sa mesure. Mais il ne côtoie que des crétins, ou peu s'en faut. « En allant à Marseille, je me suis accompagné avec monsieur Gibert. Ces gens-là voient bien, mais ils ont des yeux de professeurs. En passant par le chemin de fer près de la campagne d'Alexis, un motif étourdissant se développe du côté du levant : Ste Victoire et les rochers qui dominent Beaurecueil. J'ai dit : "Quel beau motif" ; il a répondu : "Les lignes se balancent trop." Avec ça, conclut Cézanne, c'est sans doute celui qui s'occupe le plus et le mieux d'art dans une ville de 20 000 âmes[1]. »

Marseille même, où Hortense et le petit Paul vivent cachés, ne trouve plus grâce à ses yeux : « Marseille est la capitale à l'huile de la France, comme Paris l'est au beurre : tu n'as pas l'idée de l'outrecuidance de cette féroce population, elle n'a qu'un instinct, c'est celui de l'argent ; on dit qu'ils en gagnent beaucoup, mais ils sont bien laids, — les voies de communication effacent les côtés saillants des types, au point de vue extérieur. Dans quelques centaines d'années, il serait parfaitement inutile de vivre, tout sera aplati. Mais le peu qui reste est encore bien cher au cœur et à la vue[2]. »

À Aix non plus il ne trouve pas sa place : « Les élèves de Villevieille m'insultent au passage. — Je me ferai couper les cheveux, ils sont peut-être trop longs. » Sa vie, il l'écrit, « commence à prendre les allures d'un vaudeville à la Clairville ». Une lettre de son propriétaire parisien, interceptée par Louis-Auguste, dans laquelle il est question de « personnes étrangères », convainc le banquier que son fils « recèle des femmes à Paris ». En réalité, Cézanne a laissé la clef de son appartement à un cordonnier de ses amis qui y loge des personnes de sa famille pendant l'Exposition universelle. Mais Louis-Auguste a décidé de voir le mal partout, et dans son fils, ce chaste, un grand débauché. En septembre, nouvelle alerte : une lettre adressée à Hortense par son père atterrit au Jas de Bouffan. « Tu vois le résultat », écrit Paul à Émile. Un enfer.

Mais si tout cela n'était que jalousie et frustration de la part du vieillard ? Fin septembre, divine surprise, délicieuse nouvelle : Louis-Auguste, encore bien vert, est amoureux. « Papa m'a rendu 300 F ce mois-ci. Inouï. Je crois qu'il fait de l'œil à une petite bonne charmante que nous avons à Aix. » Voilà Louis-Auguste atteint du syndrome de Victor Hugo, grand consommateur de soubrettes. Effrayant, la vie ? C'est parfois simple comme une bonne fortune amoureuse.

Mais, pour couronner cette année 1878, décidément bien sombre, Hortense doit partir précipitamment pour Paris. Les raisons de ce voyage restent obscures. Pressantes nécessités familiales ? Besoin de voir les siens ou de soigner un parent malade ? Ou simplement envie de prendre l'air ? L'atmosphère est lourde à Marseille, et un vaudeville qui se prolonge finit par devenir un jeu de cache-cache sordide. Hortense sent autour d'elle l'hostilité de la mère et des sœurs de Paul, même si Mme Cézanne est enchantée de connaître son petit-fils. Toujours est-il que voilà Paul, à l'Estaque, flanqué de sa progéniture, et tremblant que son père ne débarque à l'improviste. L'automne est tempétueux, peu propice au travail sur le motif. Cézanne reste enfermé au coin du feu avec un petit Paul fort turbulent, « terrible sur toute la ligne, écrira-t-il à Chocquet en janvier. Il nous donnera du mal pour l'avenir ». Il lit pour la troisième fois un livre qui le marque profondément, *Histoire de la peinture en Italie* de Stendhal, « un tissu d'observations d'une finesse qui m'échappe souvent, je le sens, mais que d'anecdotes et de faits vrais ! », confie-t-il à Zola.

Enfin, Hortense est de retour. « Elle a eu une petite aventure à Paris, note placidement Cézanne dans une autre lettre à Zola[3]. Je ne la confie pas au papier, je te la raconterai à mon retour, d'ailleurs ce n'est pas grand-chose. » Nous en serons donc pour nos frais. Aucune nouvelle postérieure sur les détails de cette « aventure ». Flirt ? Un peu plus ? Ou rien de tout cela ? Cézanne en tout cas ne réagit pas en homme amoureux, plutôt en garçon qui en a une bien bonne à raconter à son ami Zola. Les affres de la jalousie lui sont étrangères. Sans doute faudrait-il pour cela qu'il aimât encore Hortense, ou qu'il l'eût aimée.

C'est une période de flottement, d'incertitude, de dérive. Le 19 janvier 1879, Cézanne a quarante ans. Il se sent piégé de tous côtés. Au début de l'année, une correspondance avec Victor Chocquet nous le montre s'enquérant de la façon de procéder pour envoyer un tableau au Salon depuis la province. Il dit entreprendre cette démarche « pour un ami ». Étrange. L' « ami » est-il lui-même, ou bien Achille Emperaire, qu'il semble avoir revu à Aix ? Emperaire traîne toujours sa misère, les séances de pendaison au trapèze ne l'ont pas fait grandir, et il survit d'expédients, errant autour de la Faculté et de la cathédrale Saint-Sauveur, en proposant à des étudiants des dessins pornographiques produits de sa riche imagination.

En vérité, Cézanne est assis entre deux chaises. Il n'a pas tout à fait renoncé au Salon, où on ne veut pas de lui, mais il ne veut pas figurer à la nouvelle exposition impressionniste de 1879, craignant que sa présence ne lui ferme définitivement les portes du Salon. Une lettre de Pissarro du 1er avril 1879, peu après son retour à Paris, témoigne de cet embarras. L'autre raison, plus profonde, est qu'il ne se reconnaît pas dans le groupe impressionniste, qui commence à réaliser sa percée : il ne se reconnaît qu'en lui-même.

Il n'est pas le seul à montrer ces réticences. L'idée d'école ou de mouvement a toujours été un leurre. Un véritable artiste est avant tout une forte individualité. À la grande colère de Degas, qui s'est démené pour que cette exposition ait lieu, qui a payé de ses deniers une partie des frais, Monet, Sisley, Renoir décident de ne pas participer à l'exposition pour ne pas aliéner leurs chances auprès du jury du Salon. Monet et Renoir y sont admis. Pas Sisley. Ni Cézanne, évidemment.

Ce n'est pas faute, pourtant, d'être allé à Canossa. Toute honte bue, il a mené campagne auprès de Guillemet, désormais bien en cour. Mais il l'a fait à sa manière : aucun compromis, aucune allégeance esthétique. Il est refusé par ces « juges au cœur dur ». C'est la « guillotine sèche ». Au printemps, Cézanne part s'installer à Melun.

Médan

Avec les droits de *L'Assommoir*, Zola s'est offert, écrit-il au vieux Flaubert son maître (le « vieux » n'a que cinquante-sept ans mais il lui reste peu de mois à vivre), « une cabane à lapins ». C'est trop de modestie. « Neuf mille francs, ajoute Zola, je vous dis le prix pour que vous n'ayez pas trop de respect. La littérature a payé ce modeste asile champêtre qui a le mérite d'être loin de toute station et de ne pas compter un seul bourgeois dans son voisinage. » En fait de cabane à lapins, c'est une vaste demeure où Zola a entrepris d'importants travaux d'agrandissement. Pas un seul bourgeois dans le voisinage, mais ils se déplacent de Paris pour venir le voir. À Médan, c'est un défilé permanent d'artistes, d'écrivains, d'éditeurs, de gens de presse et de lettres. Zola règne sur ce petit monde, royal, zézayant, important — enfin ! Heureux ? C'est une autre affaire. Il travaille, inlassablement, pour ne rien perdre de cette gloire acquise durement, dans une pièce gigantesque, haute de plafond, dont la sobriété n'est pas la qualité première : un fauteuil Louis XIII, un bureau sur lequel on pourrait danser le french cancan. Sur la hotte de la cheminée colossale est gravée en lettres d'or cette inscription : *Nulla dies sine linea*, pas un jour sans une ligne. L'ameublement, la décoration exhibent un luxe délirant de richesses nouvellement acquises, une orgie compulsive d'achat après une longue frustration : armures médiévales, tapisseries, porcelaines, statuettes, un bric-à-brac dispendieux mais sans cohérence esthétique, une caverne d'Ali Baba où le gothique le dispute au polisson, l'oriental au baroque italien. C'est impressionnant et puéril à la fois, hugolien pour le goût de la surcharge et de la pâtisserie ornementale, et surréaliste avant la lettre.

Zola invite naturellement Cézanne à se rendre à Médan. Paul en reste ébaubi. L'écrivain célèbre se met en quatre pour rendre le séjour agréable à son ami. Émile a le cœur bon. Peut-être est-il un peu gêné de ces marques ostentatoires de réussite que Cézanne, qui sait d'où il vient, contemple d'un air goguenard. Et tous ces gens qui passent, qui s'installent pour quelques jours, qui sont là comme chez eux... Toute la jeune garde qui virevolte dans l'orbite du grand écrivain, Hennique, Huysmans, Céard, Alexis, le seul Aixois de la bande, bientôt signataires de l'ouvrage collectif *Les Soirées de Médan*, manifeste du naturalisme. Et aussi ce personnage haut en couleur, fils spirituel de Flaubert à tel point que des ragoteurs en feront son fils naturel, un grand Normand à moustaches, mangeur, buveur, baiseur frénétique et pourri de talent, qui s'appelle Guy de Maupassant. Ne manque que Flaubert lui-même, à qui Cézanne voue une vive admiration, mais Flaubert c'est le sphinx, la grande conscience de tout ce petit monde, le patron. Il ne quitte pas Croisset, plus loin sur les bords de la Seine, il s'escrime sur un projet insensé, désespéré, *Bouvard et Pécuchet*, il va bientôt mourir sans avoir connu le triomphe de Zola, bientôt celui de Maupassant, solitaire comme Cézanne. Ces deux frères dans la recherche absolue de leur art, ces deux géants ne se croiseront jamais. Comme un oubli de l'histoire...

Cézanne ne se sent guère à l'aise dans ce milieu de littérateurs bavards. Que font des écrivains quand ils vont en bande ? Échangent-ils de hautes idées sur la littérature, l'art, le monde comme il va ? Non, ils parlent plutôt tirages, contrats, publicité et coquinerie des éditeurs. Il n'y a que les dames du monde pour parler (souvent mal) de littérature.

Mais Paul se plaît à Médan, si proche de Pontoise et d'Auvers-sur-Oise, ses meilleurs souvenirs des récentes années. Les bords de Seine ressemblent à ceux de l'Oise. Ce sont les mêmes lumières douces, les prairies, les peupliers qui se reflètent dans l'eau du fleuve. Depuis l'autre rive, il peindra la demeure de Zola. C'est la maison à droite du tableau, avec des volets rouges. Les reflets de l'eau sont d'un vert profond, le tableau est comme strié par des touches obliques. Cela ne semble pas plaire à tout le monde. Un jour (l'histoire, contée par Gauguin, fut sans doute rapportée par Guillemet), un promeneur s'arrête derrière le peintre et observe un long moment son travail. Il finit par demander à Cézanne s'il s'intéresse à la peinture. « Un peu, comme ça », maugrée Paul. Le promeneur, encouragé, pousse son avantage. C'est un ancien élève de Corot, et ce qu'il voit là, ces verts criards, ces rouges vermillon, ce ciel hachuré, non vraiment, c'est le travail d'un amateur qui a besoin de conseils. « Vous permettez ? » Il s'empare des pinceaux et de la palette pour remettre un peu d'ordre dans ce désastre. « Vous comprenez, la seule chose qui compte, ce sont les valeurs. » Et d'atténuer les couleurs en teintes grisâtres, pour lier ensemble ces contrastes peu convenables. Cézanne patiente un moment, puis explose : « Monsieur, comme on doit vous envier ! Je suis sûr que lorsque vous peignez un portrait, vous apposez sur le nez les mêmes reflets que sur le montant d'une chaise. » Il récupère son matériel, gratte les joliesses grisâtres de l'élève de Corot et lâche un pet tonitruant. « Ah ! fait-il, ça soulage ! » Un train lui répond au loin en sifflant joyeusement. Une péniche passe sur le fleuve. Cézanne est seul. Il peint Médan, la maison de son copain.

*

Il quitte Médan sans crier gare, à son habitude. Il regagne Melun. Pendant des semaines, Zola n'a aucune nouvelle de lui. Entre la vanité d'en avoir remontré à son ami et sa bonté native, le cœur d'Émile balance. Il ne comprend pas Cézanne. Est-il malheureux ? Un peu dérangé ? Vraiment perdu pour cette gloire à laquelle ils ont tant aspiré ? Il pencherait pour le dérangement. Mme Zola est assez de cet avis. Ce Cézanne, moins on le voit, mieux on se porte. On ne peut pas toujours traîner son passé comme un boulet. Et Cézanne, c'est le passé d'Émile, quand il était pauvre et faible. Maintenant les choses ont changé. La vie avance. Elle n'est pas tendre pour les canards boiteux.

C'est durant cet été 1879, dans les environs de Melun, que Cézanne compose l'une des toiles les plus remarquables de sa période « constructive », *Le Pont de Maincy*. Œuvre extraordinaire en vérité où, comme l'écrit Joseph J. Rishel, la construction de l'espace « repose sur des touches de peinture longues et droites qui forment une composition en se tissant[1] ». Et pourtant le sous-bois baigné de lumière, où les reflets semblent n'apparaître que de façon fugitive, comme dans les toiles les plus vaporeuses de Monet, est empreint de toute l'esthétique impressionniste et réalise comme une synthèse des différentes tendances qui traversent la peinture.

En septembre, Cézanne sort de sa tanière et se manifeste. Il désire voir *L'Assommoir*, la pièce adaptée du roman, et demande trois places à Zola. « Je m'ingénie toujours à trouver ma voie picturale. La nature m'offre les plus grandes difficultés. » Il est enchanté de la représentation de *L'Assommoir*. « Je n'ai pas dormi du tout, quoique d'habitude je me couche un peu après huit heures. » Quelque temps plus tard, il s'inquiète. Zola, au début de l'année 1880, lui a envoyé un exemplaire de *Nana*, son nouveau roman. « C'est un volume magnifique, mais je crains que, par une entente préconçue, les journaux n'en aient point parlé. En effet, je n'ai vu ni article ni annonce dans aucun des trois petits journaux que je prends. »

En réalité, *Nana* triomphe. Cézanne vit à Melun, à quelques kilomètres de Paris, mais il n'a rien entendu de ce nouveau séisme littéraire. Quel sauvage ! *Nana* connaît un prodigieux succès, relayé par la publicité, les affiches, et même les hommes-sandwichs sur les boulevards. Nana devient un symbole, une marque. Et naturellement on crie au scandale, on s'indigne de l'immoralité de l'écrivain et de son goût pour l'obscène. « Maintenant, peut-être que le bruit que devait faire l'apparition du volume de *Nana* n'est pas venu jusqu'à moi. » Peut-être, en effet, car dès le premier jour, cinquante mille exemplaires ont été vendus. Cézanne, quant à lui, en cet hiver 79-80 particulièrement rigoureux, vit comme un homme des bois : il peint, dans la forêt de Fontainebleau enfouie sous la neige. À moins que cette peinture de sous-bois enneigé, qu'il réalise pendant cet hiver, ne lui ait été inspirée par une photographie. On peint difficilement dehors par – 20 degrés...

Il regagne Paris en mars 1880. Il habite rue de l'Ouest, derrière la gare Montparnasse, et reprend son existence solitaire. De loin en loin il voit quelques relations, le père Tanguy, Guillaumin, ou le malheureux Cabaner, dont la vie est un désastre : tuberculeux, il survit en jouant du piano des nuits entières dans un café-concert. Il voit Zola, aussi. Quand il ne règne pas sur son domaine de Médan,

Émile occupe un appartement somptueux rue de Boulogne (actuellement la rue Ballu, dans le IXe arrondissement). Il tente quelquefois d'arracher Cézanne à son travail pour l'introduire dans les milieux parisiens qu'il fréquente. Mal lui en prend. Un jour, il fait inviter Cézanne chez l'éditeur Charpentier, où se rassemble le beau monde : Sarah Bernhardt, Jules Massenet, Octave Mirbeau, Alphonse Daudet, Edmond de Goncourt, ils y sont tous. Cézanne débarque comme un huron, s'effraie de ce bruit, de ces assauts d'esprit, de ces visages inconnus qu'il juge hostiles. Il déguerpit. Un autre jour, c'est Zola qui l'invite chez lui à l'une de ses fameuses soirées. Sans Hortense, bien sûr. Pour Émile et Gabrielle, Hortense n'existe simplement pas. Paul arrive comme à son habitude avec ses vêtements élimés et son air égaré. Toute la soirée c'est un bloc de silence. Ces mondains prétentieux pleins d'eux-mêmes l'exaspèrent. Forçant sur son accent et ses manières rustaudes, il lance à Zola : « Dis donc, Émile, tu ne trouves pas qu'il fait chaud ? Si tu permets, je vais tomber la veste. »

Les lettres qu'il adresse à Zola durant cette période témoignent d'une gêne diffuse. Zola est devenu le grand homme ; lui est resté à la traîne. Ce monde-là n'est pas pour lui. Il se confond en formules pataudes qui masquent à peine son embarras, à moins que ce ne soit de l'ironie, ou l'humilité de l'orgueil : « Je suis avec reconnaissance ton ancien camarade de collège de 1854. » Le 1er mai 1880, il entreprend une démarche auprès de son ami, de la part de ses confrères du groupe impressionniste : il s'agit de faire publier dans *Le Voltaire* une lettre de protestation de Renoir et Monet contre leur « mauvais placement » au Salon ; ils demandent aussi qu'une exposition des « impressionnistes purs » ait lieu l'année suivante. Paul semble presque s'excuser de cette démarche : « Je remplis une fonction de porte-voix et pas plus. » La même lettre évoque, et ce n'est pas une formule de sa part, le « très malheureux événement de la mort de Flaubert ».

Cette lettre aura des suites. Le fidèle Zola comprend qu'on lui demande de repartir en campagne. Il ne se contente pas de faire publier la lettre de Monet et Renoir : il va reprendre où il l'avait laissé, quatorze ans auparavant, le débat tumultueux sur la peinture. Mais aujourd'hui, il pèse d'un autre poids. Ce sont quatre longs articles que Zola publie dans *Le Voltaire* sous le titre : « Le naturalisme au Salon ». Ses propos toutefois ne vont pas tout à fait dans le sens souhaité par les peintres. Dans ces articles qui paraissent dans le courant du mois de juin 1880, Zola commence par une défense vibrante des impressionnistes :

On les traite de farceurs, de charlatans se moquant du public et battant la grosse caisse autour de leurs œuvres, lorsqu'ils sont au contraire des observateurs sévères et convaincus. Ce qu'on paraît ignorer, c'est que la plupart de ces lutteurs sont des hommes pauvres qui meurent à la peine, de misère et de lassitude. Singuliers farceurs que ces martyrs de leur croyance.

Voilà pour l'hommage, très Zola. Mais l'auteur triomphant de *Nana* émet vite quelques réserves.

Il juge néfaste la dernière exposition impressionniste. Certes l'impressionnisme est le fer de lance de la peinture moderne, ce « flot montant de modernité, irrésistible, qui emporte peu à peu l'École des Beaux-Arts, l'Institut, toutes les recettes et toutes les conventions ». En somme, peut-on continuer à peindre comme sous Louis XIV à l'époque du chemin de fer ? Mais ces expositions de groupe ne sont-elles pas une démarche de facilité ? Ne permettent-elles pas, à leur tour, à de nombreux artistes médiocres de s'enfoncer dans la brèche ouverte ? Enfin, *in cauda venenum*, Zola avance l'argument qui tue : « Le grand malheur, c'est que pas un artiste de ce groupe n'a réalisé puissamment et définitivement la formule nouvelle qu'ils apportent tous, éparse, dans leurs œuvres. » Suivez mon regard : ce que l'impressionnisme attend encore, le naturalisme l'a trouvé en ma personne. Il poursuit : « La formule est là, divisée à l'infini ; mais nulle part, dans aucun d'eux, on ne la trouve appliquée par un maître. Ce sont tous des précurseurs, l'homme de génie n'est pas né. On voit bien ce qu'ils veulent, on leur donne raison ; mais on cherche en vain le chef d'œuvre qui doit imposer la formule et faire courber toutes les têtes. Voilà pourquoi la lutte des impressionnistes n'a pas encore abouti ; ils restent inférieurs à l'œuvre qu'ils tentent, ils bégayent sans pouvoir trouver le mot[2]. » Le message est clair : l'impressionnisme n'a pas son chef de file, son génie — sans quoi le public serait déjà conquis, comme il l'a été par mes romans.

Les impressionnistes sont furieux. Sauf Cézanne.

D'ailleurs, pour la première fois, Zola lui a rendu un hommage mesuré, un rien condescendant : « Monsieur Paul Cézanne, un tempérament de grand peintre qui se débat encore dans des recherches de facture, reste plus près de Courbet que de Delacroix. »

Cézanne est content. Émile a parlé de lui — enfin ! Sent-il ce qu'il y a de complaisance et d'incompréhension dans ces phrases ? Bien sûr, la comparaison avec Courbet et Delacroix est flatteuse. Mais Zola ne sent pas le chemin accompli, il ne voit pas que Paul est déjà au-delà de l'impressionnisme, qu'il taille sa route, de plus en plus singulier. Quant à l'impressionnisme, les deux hommes sont du même avis : la « nouvelle formule », Paul est bien placé pour savoir ce que cela recouvre de recherches, de difficultés, de luttes avec la matière. Mais il ne s'offusque pas de la tiédeur de Zola. Il a conscience de tous les progrès qui lui restent à accomplir.

L'été 1880, il séjourne encore à Médan. L'atmosphère du foyer familial lui pèse. Les relations avec Hortense se tendent de plus en plus. Leur vie, il est vrai, n'a rien d'exaltant. On pouvait attendre autre chose que cette lente monotonie des jours, en vivant avec un artiste. Hortense ne profite même pas de ses quelques amitiés et relations, toujours en retrait, toujours cachée. Mais à Médan aussi, l'atmosphère est lourde. Zola ne s'est guère empressé de répondre quand Cézanne, qui ne désirait pas « être un sujet de gêne », lui a annoncé son désir de venir le visiter. Mais enfin le voici installé pour prendre ses quartiers d'été, et peindre, peindre encore. Zola en est-il agacé ? Cézanne est un ami exigeant. Des demandes d'argent, de longs séjours... Pour lui, rien de plus naturel. N'a-t-il pas toujours accueilli Émile à bras ouverts ? Ne sont-ils pas liés par un pacte ancien, une fraternité qui transcende les calculs mesquins, les péripéties, les hasards de l'existence ? Émile a réussi le premier, voilà tout. Mais il trouve un Zola crispé, angoissé, comme si devant lui s'ouvraient des abîmes. Tout est-il allé trop vite ? Le succès, l'argent, le statut de grande conscience de son temps, lui qui, il y a peu, était au fond du trou... Il se débat entre l'orgueil de la réussite et le doute de soi, dont on ne guérit jamais. Il règne sur Médan, sur la République des Lettres, taraudé par la peur que tout ceci ne finisse en catastrophe, hanté par des idées de mort, triste, hargneux. C'est donc cela, le succès, un malentendu, une imposture ? On a beau faire agrandir sa maison, exhiber sa réussite, on sait quand on est intelligent que tout cela n'est rien, ou si peu.

Et cette faune interlope que son succès attire... Des gens remarquables, certes, mais aussi des parvenus vulgaires, hommes de spectacle douteux, pas encore le grand cirque médiatique mais tout comme, tel ce Busnach, adaptateur de *L'Assommoir* au théâtre, hâbleur et gras, et sachant que pour devenir riche il convient de caresser la masse des imbéciles dans le sens du poil. Pour éviter tous ces fâcheux, et aussi être agréable à ses hôtes, Cézanne entreprend le portrait de Mme Zola en train de servir le thé. Mais Paul, quand il peint sur modèle vivant, est tyrannique. Interdiction de remuer, de respirer. Et cela dure des heures. Arrive Guillemet, volubile, charmant, plaisantant, qui entretient Mme Zola, laquelle se déplace sous quelque prétexte futile. Colère de Cézanne, pinceaux brisés, toile crevée. Un type impossible.

Il quitte Médan fin août. À Paris, il découvre un texte posthume de Duranty, mort l'année précédente, dans lequel on voit un jeune artiste se rendre dans l'atelier d'un certain Maillobert, un « détraqué » qui n'est autre que Cézanne. La charge est lourde. Le peintre est présenté comme un fou qui exerce ses lubies dans un atelier sordide, en compagnie d'un perroquet qui répète inlassablement : « Maillobert est un grand peintre... » « Mon critique d'art », dit le peintre à son visiteur. Il barbouille « une truellée de vert » sur une toile, tient des propos incohérents. Un texte sinistre, odieux. Cézanne est malheureux, au bord des larmes. Le coup fait mal. Un de plus. Quel degré de souffrance morale un homme doit-il supporter pour avoir le droit d'être lui-même ?

Il passe le sombre hiver 1881 à Paris. Le Salon le refuse à nouveau. Avant de partir pour Pontoise, il engage une nouvelle démarche auprès de Zola. Cabaner, le charmant Cabaner, musicien raté et gai compagnon, est en train de mourir, vaincu par la tuberculose. Des artistes ont offert des œuvres pour récolter un peu d'argent dans une vente, dont Manet, Degas, Gervex, et bien sûr Cézanne. Zola accepte de rédiger la préface du catalogue.

Cézanne séjourne à Pontoise de mai à octobre

1881. Il loue une maison au 31, quai de Ponthuis. Pontoise lui va. La ville est proche d'Auvers-sur-Oise, où il a connu d'heureux moments. Il est tout près de Pissarro, qu'il retrouve avec joie. La vie n'est pas facile pour celui-là non plus. À cinquante ans, Pissarro peine à joindre les deux bouts. Son début de succès est retombé. Dans la famille, c'est souvent la gêne. Mais Camille, sous sa barbe blanche, n'a rien perdu de sa bonhomie, de sa profonde bonté, de sa sagesse. Comme autrefois les deux amis peignent ensemble. Le moulin de la Couleuvre fournit à Cézanne un sujet qui donne l'une des meilleures toiles de cette époque : un paysage à plusieurs niveaux, architecturé solidement, qui laisse cependant une impression de légèreté, de contact apaisé avec la nature.

Cézanne et Pissarro s'en vont parfois jusqu'à Auvers-sur-Oise saluer le docteur Gachet. La vie ne s'est pas montrée tendre pour ce juste. Il a perdu sa femme six ans auparavant et ne s'en console pas. Il est maintenant médecin de la compagnie des Chemins de fer du Nord, à la suite d'un accident de train où il s'est montré héroïque, se dépensant sans compter pour sauver les blessés. Il continue à peindre, sans grand succès, régulièrement refusé au Salon.

Cézanne envisage même de pousser jusqu'à Médan, tout proche, « aux frais de ses jambes », mais la famille se rappelle à lui : Rose, sa plus jeune sœur, vient de se marier avec un avocat, Maxime Conil, Aixois fortuné, et ils débarquent à Paris au mois de mai. « Tu me vois les pilotant dans le

Louvre et autres lieux à tableaux », se désole Cézanne auprès de Zola. Le voyage tourne au cauchemar. Rose est saisie d'une violente crise de rhumatismes et Cézanne doit rapidement les remettre au train. Phénomène psychosomatique en présence de ce frère inquiétant et peu amène ? Enfin seul. « J'ai mis plusieurs études en train par temps gris et par temps de soleil, écrit-il à Zola qui vient de perdre sa mère. Je te souhaite de trouver bientôt ton état normal dans le travail, qui est, je le pense, malgré toutes les alternatives, le seul refuge où l'on trouve le contentement réel de soi[3]. »

Travail, sainte loi du monde. Le « contentement de soi », Cézanne le trouve dans ces études de paysages qui fascinent un jeune homme, courtier en Bourse de son état. Ce « golden boy » à la mode du temps qui gagne somptueusement sa vie, au demeurant passionné de peinture, répond au nom de Paul Gauguin. Il peint lui-même, avidement, dans les intervalles trop courts que lui laisse son métier, et il collectionne des tableaux. Il possède déjà une douzaine de toiles de Cézanne. Mais Paul, méfiant, résiste aux avances de ce jeune homme qui semble disposé à lui voler ses secrets, à lui arracher sa formule.

Cézanne quitte Pontoise en octobre. Dernière visite à Zola, à Médan, qui lui apprend que Baille, leur ami Baille, le polytechnicien, vient d'épouser une grosse fortune et va s'ébattre dans la jumelle et la lorgnette pour le ministère de la Guerre. La jeunesse ardente est loin. Il n'y a que lui, Paul, qui n'ait pas dérogé…

« Si je mourais à bref délai »

Voilà Cézanne réfugié de nouveau à l'Estaque, « patrie des oursins ». C'est là qu'il reçoit avec retard, car on intercepte encore son courrier, le volume de souvenirs que vient de publier Paul Alexis, *Émile Zola. Notes d'un ami*, où il évoque longuement la jeunesse d'Émile et de Paul. Cézanne est ému : « Je te remercie donc bien vivement pour les bonnes émotions que tu me donnes au rappel des choses du passé. » Un détail, dans ces souvenirs, devrait pourtant alerter Cézanne. Alexis, exposant les projets littéraires de Zola pour les prochaines années, mentionne le roman sur l'art que le romancier veut écrire depuis longtemps.

Son personnage principal est tout prêt : c'est ce peintre, épris de beau moderne, qu'on entrevoit dans *Le Ventre de Paris*. Il s'agit de Claude Lantier. Je sais qu'il compte étudier, dans Claude Lantier, la psychologie épouvantable de l'impuissance artistique. Autour de l'homme de génie central, sublime rêveur paralysé dans la production par une fêlure, graviteront d'autres artistes, peintres, sculpteurs, musiciens, hommes de lettres, toute une bande de jeunes ambitieux également venus pour conquérir Paris : les uns ratant leur affaire, les autres réussissant plus ou moins ; tous, des cas de la maladie de l'art ; des variétés de la grande névrose actuelle[1].

Alexis prévoit l'inconvénient majeur du projet : Zola sera forcé d'y mettre en scène ses amis, de verser dans le roman à clefs. « Si je m'y trouve, pour ma part, et même si je n'y suis point flatté, je m'engage à ne pas lui faire un procès[2]. »

Ce n'est qu'un projet. Cézanne, en ce début de 1882, est tout entier absorbé par une affaire autrement plus importante et décisive : il va être admis au Salon. C'est grâce aux bons offices de Guillemet qu'il est enfin accepté. Mais dans quelles conditions... Guillemet, qui siège au jury, a statutairement le droit de choisir une œuvre refusée. On appelle cela le choix « pour la charité ». C'est donc en tant qu' « élève de Guillemet » (car ce sont souvent leurs élèves que ces « sommités » choisissent) que Cézanne fait son entrée au Salon, à quarante ans passés.

Mais il n'est pas à Paris assez longtemps à l'avance pour préparer cet événement. Erreur stratégique. Il peint tranquillement à l'Estaque, tandis que se jouent les habituelles petites manœuvres parisiennes où l'on complote afin de prendre les places. Il peint avec Renoir, de passage à Marseille, qu'il accueille chez lui. Renoir malade, c'est Paul qui le soigne comme une mère. « Ce que Cézanne a été gentil pour moi, écrit Renoir à Victor Chocquet, je ne puis vous le dire. Il voulait m'apporter toute sa maison. » Allez comprendre le bonhomme.

En mars 1882, il regagne Paris, avant l'ouverture

du Salon. Guillemet a tenu parole : Cézanne y figure en effet, avec un portrait. Lequel, on l'ignore. Sa présence est si peu remarquée que personne ne s'y arrête, même pour se gausser. Un bide. À peine une mention, dans le *Dictionnaire Véron*, qui semble pressentir « un coloriste dans l'avenir ». Mieux valait les refus que cette indifférence : au moins pouvait-on se parer de l'auréole du martyr.

Cézanne est effondré. Il n'a plus sa place à Paris. L'a-t-il jamais eue ? Il n'a plus sa place nulle part. En septembre 1882, une nouvelle fois, il séjourne à Médan. Il ne supporte plus rien ni personne. Est-il le bienvenu ? On le reçoit comme par habitude ou devoir, par charité là aussi. Ce pauvre Paul… Quand la poisse vous tient… Mais aussi, a-t-on idée de se comporter de cette façon, de faire constamment la tête alors qu'on vous reçoit, d'adopter devant les hôtes un silence qui semble un jugement et un reproche permanents… Même à l'égard d'Émile il se montre sévère. Chez les Cézanne, il est vrai, l'argent n'a jamais été l'occasion de ces excès ridicules.

Que faire ? Rentrer à Aix, s'enfermer. Au Jas de Bouffan, l'atmosphère n'est pas des plus sereines. Rose y est venue accoucher, en compagnie de son mari, et Paul ne supporte pas son Conil de beau-frère. Il ne supporte pas mieux les cris du bébé, ni les élans autoritaires de sa sœur Marie. Il rencontre des gens qui le dégoûtent — le jeune Baille, par exemple, frère de son ami, avoué de son état, qui « a l'air d'une jolie petite crapule judiciaire ». « Rien de neuf, pas le moindre petit suicide[3] », note-t-il avec cynisme. C'est que Marguery, un de leurs amis de jeunesse, avoué lui aussi, s'est suicidé l'an dernier en se jetant dans la salle des pas perdus du Palais de Justice. Si les amis de jeunesse commencent à mourir... Lui-même ne se sent pas très bien portant. Un coup de vieux, comme on dit. Les premières atteintes du diabète ? Une immense fatigue morale, trop d'échecs, trop de coups reçus ? Toujours est-il qu'il envisage, à quarante-trois ans, de faire son testament. S'il venait à mourir, que deviendrait sa famille ? Il souhaite faire hériter sa propre mère et son petit Paul. Ses craintes, qu'il expose à Zola, sont claires : s'il venait à mourir, ses sœurs hériteraient de lui, sa mère serait « frustrée » (il n'a pas une confiance très grande dans l'honnêteté de son beau-frère), et l'héritage de son fils risquerait d'être contesté, bien qu'il l'eût reconnu. Cézanne ne prévoit aucune part pour Hortense. Sans doute leur « situation » rend-elle la chose inenvisageable. Il demande à Zola, par précaution, d'accepter un double du testament « parce qu'on pourrait soustraire ici ledit papier ». Six mois plus tard, il annonce à Zola son désir de faire de sa mère sa légataire universelle. « Je t'expliquerai de vive voix ce qui me pousse à cela. » Il soupçonne évidemment Maxime Conil d'avoir épousé Rose pour faire main basse sur le magot des Cézanne. Quelle autre raison ? Rose n'est guère tentante, et d'une compagnie peu enjouée. Paul veut protéger les siens. Il devrait bien voir d'ailleurs que cette situation ne peut s'éterniser. Il doit se marier, épouser

Hortense. Lentement, insidieusement, sa mère et sa sœur Marie, de plus en plus confite en religion, commencent leur travail de sape. Il y aurait tous les avantages à ce qu'il convolât, à commencer par celui de ne plus vivre dans le péché. Cézanne tempête, vocifère, s'en va. Hortense est à l'Estaque, le Jas de Bouffan devient invivable, où faut-il aller pour qu'on vous laisse tranquille ?

À Marseille, peut-être. Cézanne y a noué une amitié solide avec un personnage haut en couleur, peintre lui aussi, Adolphe Monticelli. Seigneurial, théâtral, réfractaire tout comme Cézanne, Monticelli arbore une belle tête de père noble, de vieux sage latin. Il vit dans un gourbi infâme, derrière l'église des Réformés, et travaille lui aussi, avec acharnement mais sans aucun succès. Il a eu son heure de gloire, en tout cas de cabotinage, il y a longtemps, à Paris, quand il y faisait l'artiste, le dandy flamboyant. Puis il est revenu à Marseille où, à près de soixante ans, il végète sans avoir réussi, affichant un mépris royal pour la comédie sociale et les compromissions sordides du monde de l'art. Monticelli compare l'épreuve du Salon à un concours de bestiaux. Il peint, accroché à son rêve d'un monde de beauté, de grandeur, de plaisir, de liberté. C'est un véritable héritier de Delacroix. Cézanne reconnaît en lui un frère en esprit, un tempérament semblable au sien. Monticelli peint selon son bon plaisir, des toiles colorées, riches de matière, et se moque du reste : il n'est pas en quête de cette formule, lui, de cette synthèse entre l'esprit et l'instinct, entre la nature et sa nécessaire recomposition, comme l'est Cézanne. Ensemble, comme autrefois avec Zola, ils s'offrent de longues escapades hors de Marseille, sur le motif. Cézanne est éberlué par la désinvolture et l'aisance de Monticelli. Mais ce n'est pas pour lui.

Il apprend la « catastrophe » de la mort de Manet qui vient de succomber, à cinquante et un ans, à la suite d'une amputation. Manet, le charmant Manet, l'élégant Manet, qu'il mettait en boîte au café Guerbois, mort, et dans des conditions horribles, dévoré par la fièvre et le pus. Cela le convainc de mettre rapidement ses affaires en ordre. Il envoie à Zola le double de son testament. Il a loué une petite maison à l'Estaque où il a l'intention de passer toute une année. Il est triste, mélancolique, n'ayant de nouvelles de personne, et se recommande « au souvenir d'Alexis et des vivants ». Si cela ne ressemble pas à des idées morbides... Il poursuit cependant sa quête du paysage. « Je m'occupe toujours à la peinture. — J'ai ici de beaux points de vue, mais ça ne fait pas tout à fait motif. — Néanmoins au soleil couchant, en montant sur les hauteurs, on a le beau panorama du fond de Marseille et les îles, le tout enveloppé sur le soir d'un effet très décoratif. »

Pendant près de deux ans, loin de Paris, comme coupé du monde et de ses événements, dont il n'a pas besoin pour sa peinture, Cézanne s'enfonce dans une solitude de plus en plus profonde. Il se fond jusqu'à l'obsession dans ces paysages, consubstantiels, pour lui, à l'élaboration de sa « formule ».

Le pays d'Aix redevient le centre d'un monde à construire. D'une promenade avec Valabrègue, en février 1884, il tirera ce constat, mi-amer mi-surpris : « Nous avons fait le tour de la ville ensemble — nous remémorant quelques-uns de ceux que nous avons connus — mais comme nous sommes distants de sensation ! J'avais la tête pleine de l'idée de ce pays, qui me semble bien extraordinaire. »

Extraordinaire, parce que cette nature lui donne ce dont il a besoin et qu'il est le seul à voir : un sentiment d'éternité, de pérennité sur quoi fonder la couleur et construire des plans.

Une visite de Monet et Renoir, de passage en Provence, fin 1883, rompt pour peu de temps sa solitude. Ils l'ont trouvé très ours, renfermé, dans un état inquiétant d'apparente neurasthénie. Monticelli, qui vient de perdre sa mère, se replie sur son chagrin. Cézanne est privé de ce compagnon, délaissé même par son petit cercle d'amis aixois, Numa Coste, Victor Leydet, dont la fortune et le statut sont désormais établis. Que faire de ce fou qui abandonne ses toiles inachevées au fond des fossés, au coin des chemins ? L'épidémie de choléra qui touche Marseille de juin à octobre 1884 explique peut-être en partie ce repli, son besoin de se protéger de l'extérieur.

Il peint. Ce sont deux années de création intense. Natures mortes, portraits, paysages. Les natures mortes se déploient en combinaisons multiples. Dans les peintures de plein air apparaît, majestueuse, la forme suprême dont il creusera l'énigme jusqu'à la fin de sa vie : la montagne

Sainte-Victoire. Hortense pose pour des portraits qui trahissent la distance qu'il y a désormais entre eux : elle est triste, lointaine, douloureusement anonyme. Peut-être n'est-ce pas tout à fait sans raisons.

« Vous m'avez permis
de vous embrasser »

Je vous ai vue, et vous m'avez permis de vous embrasser ; à partir de ce moment un trouble profond n'a pas cessé de m'agiter. Vous excuserez la liberté de vous écrire que prend envers vous un ami que l'anxiété tourmente. Je ne sais comment qualifier cette liberté que vous pouvez trouver bien grande, mais pouvais-je rester sous l'accablement qui m'oppresse ? Ne vaut-il pas mieux encore manifester un sentiment que de le cacher ?

Pourquoi, me suis-je dit, taire ce qui fait ton tourment ? N'est-ce pas un soulagement donné à la souffrance que de lui permettre de s'exprimer ? Et, si la douleur physique semble trouver quelque apaisement dans les cris du malheureux, n'est-il pas naturel, Madame, que les tristesses morales cherchent un adoucissement dans la confession faite à un être adoré ?

Je sais bien que cette lettre dont l'envoi hasardeux et prématuré peut paraître indiscret, n'a pour me recommander à vous que la bonté de...

Ce texte[1] est le brouillon d'une lettre, probablement écrite au printemps 1885, retrouvé au dos d'un dessin dans l'atelier du Jas de Bouffan. Que se passe-t-il ? La chose la plus simple du monde : Cézanne est amoureux. Et, à lire cette lettre, il est clair qu'il ne l'est pas petitement. À quarante-six ans, le démon de midi se manifeste sous la forme d'un coup de foudre dévastateur, qui lui fait emprunter des accents raciniens. C'est Vénus tout entière à sa proie attachée. Ou, comme le dit un personnage de *Manon des sources* : « Des fois, quand ça vient tard, ça vient mauvais. »

Amoureux de qui ? Ici l'affaire se complique. Elle a fait couler beaucoup d'encre et embarrasse fort les experts en hagiographie cézannienne. Le saint de la peinture moderne, amoureux. Cézanne n'est certes pas un don Juan. C'est un timide à la sexualité peu épanouie, tendance renforcée par le poids du milieu familial, de la tradition latine, et de la pression du carcan clérical subie dès l'enfance. Les contacts physiques lui sont pénibles, mais son œuvre atteste abondamment qu'il n'est pas insensible aux vertiges de la sensualité : la femme est l'interdit suprême, l'altérité absolue. Par ailleurs, comme nombre d'hommes de son temps, il fréquente parfois les lupanars. Lettre à Zola, à l'été 1885 : « Pour moi l'isolement le plus complet. Le bordel en ville, ou autre, mais rien de plus. Je finance, le mot est sale, mais j'ai besoin de repos, et à ce prix je dois l'avoir. »

Qui est cette dame ? Certains y ont vu une servante, et vont même jusqu'à l'appeler Fanny. Mais écrit-on ainsi à une servante ? Une bourgeoise d'Aix, ou de Marseille ? C'est plus probable. L'épouse, peut-être, d'un notable ? Il semble qu'il y ait eu entre eux une correspondance, dont nous n'avons pas connaissance, et que Zola ait servi d'intermédiaire, à la demande de Paul, dans ce commerce épistolaire :

> Je désirerais que tu me rendes quelques services, je crois, minimes pour toi et vastes pour moi. Ce serait de recevoir quelques lettres pour moi, et de me les renvoyer par la poste à l'adresse que je t'adresserai ultérieurement. Ou je suis fou, ou je suis sensé. *Trahit sua quemque voluptas !* J'ai recours à toi et j'implore ton absolution ; sont heureux les sages ! Ne me refuse pas ce service, je ne sais où me tourner.

Suit ce *post-scriptum*, mi gêné, mi rigolard :

> Je suis mince et ne peux te rendre nul service ; comme je partirai avant toi, je te servirai auprès du Très-Haut pour une bonne place[2].

L'affaire est évidemment très sérieuse. Peu doué pour les choses de l'amour, Cézanne l'est encore moins pour la dissimulation. Bientôt nul n'ignore plus que la foudre l'a frappé. Quelle que soit l'identité de l'objet de sa flamme, l'entourage comprend qu'il y a danger. En premier lieu Hortense. Hortense n'est rien. Elle est la mère du petit Paul, mais elle n'a pas d'existence légale auprès du peintre. Et s'il venait à l'abandonner, elle n'aurait plus rien du tout. C'est la panique. Sans doute pas la jalousie. Ces sentiments sont morts entre eux. Mais seize années de vie commune peuvent-elles s'achever ainsi ? Marie, la sœur intronisée dans le rôle de duègne, ne l'entend pas de cette oreille. Elle n'aime pas Hortense, mais elle aime encore moins voir son frère dans le désordre d'une liaison. Aca-

riâtre, sans doute frustrée sans le savoir, sourde-
ment travaillée par les bataillons d'hormones qui
se débattent dans la forteresse de sa virginité ras-
sise, elle engage une guérilla domestique sans merci.
Cela dure un mois, au bout duquel Paul s'enfuit,
trouvant refuge à La Roche-Guyon, chez les Renoir. Hortense l'accompagne. Cézanne s'efforce
de faire bonne figure, mais il ne tient pas en place.
Il a laissé une adresse à Zola, poste restante à La
Roche-Guyon, pour le cas où lui arriveraient des
lettres. Il attend des nouvelles de sa belle, accablant Zola de lettres où il lui demande, une fois
encore, l'hospitalité à Médan. Acte manqué ? Il
oublie de retirer son courrier à la poste. « Je suis
un grand con », note-t-il avec lucidité. De son
amour, point de nouvelles. Sans doute s'est-il en-
flammé tout seul. Le 11 juillet, désemparé, il quitte
La Roche-Guyon pour Villennes, qui le rapproche
de Médan. Zola lui fait savoir qu'il lui est difficile
de le recevoir. Cézanne erre sans trouver d'hôtel :
on est à la veille du 14 juillet. Il est comme fou. Il
se retrouve à Vernon, où il prend une chambre
dans une auberge. Il songe à rentrer à Aix. Partir,
la revoir. Il souffre.

Zola l'invite à Médan pour le 22 juillet. Les
deux amis se retrouvent. Ils ne s'étaient pas revus
depuis trois ans. Régulier comme un métronome,
Zola continue de publier chaque année un nouveau
volume de ses *Rougon-Macquart*. *Au bonheur des
dames* en 1883, *La Joie de vivre* en 1884, et *Germinal* cette année. Pour ce dernier roman il a longuement enquêté sur le monde des mineurs, voyagé

dans le nord de la France pour se trouver lui aussi « sur le motif ». Dans *Germinal* l'indignation vibre à toutes les pages, le monde ouvrier est brossé avec un mélange détonnant de compassion et de violence crue, Zola s'est placé résolument du côté des mineurs, de leur révolte, non sans un peu de manichéisme. Opportunisme ? Sans doute pas. La puissance du livre, ruisselant d'humanité, dénonçant avec force l'indignité de la condition ouvrière, plaide pour sa sincérité. Zola n'a rien oublié du malheur social, même si sa fortune s'arrondit en même temps que sa taille. Il devient énorme, Médan est maintenant un domaine opulent : parc, dépendances nouvelles, serres, basse-cour modèle. Un seigneur sur ses terres. Et Cézanne qui n'apporte que sa misère, son désarroi d'amoureux blessé, son allure dépenaillée : une allégorie de l'échec. Mais il ne tombe pas si mal. Chaque jour, à son habitude, Zola écrit quelques pages de son nouveau roman, *L'Œuvre*. L'histoire de Claude Lantier, dont le modèle principal n'est autre que Cézanne. Le grand roman sur l'art et les artistes que Zola projette depuis des années, quatorzième tome de sa série des *Rougon-Macquart*. Oui, le modèle est vraiment très ressemblant…

Cézanne sent-il qu'il est de trop, que ce monde n'est vraiment plus pour lui ? Il quitte Médan. Sait-il que plus jamais il ne reverra son ami ? Pressent-il la catastrophe ? Le revoici à Aix vers la mi-août. Il ne reverra pas la dame mystérieuse. L'entourage veille au grain. « Si j'avais seulement une famille indifférente, tout eût été pour le mieux »,

écrit-il à Zola. Mais la famille n'est pas indifférente. Elle le harcèle et le surveille. Pour la fuir, il
s'en va chaque jour travailler à Gardanne, à une
dizaine de kilomètres du Jas de Bouffan. Il est désespéré, mais il peint. Il s'installe bientôt avec
Hortense et Paul dans un petit appartement au
centre de Gardanne. Les toits du village, son architecture deviennent une obsession. Il en peint la
géométrie parfaite, juxtapose les toits comme des
cubes — presque une abstraction, baignée d'une
lumière irréelle. Trois toiles de cette période nous
sont connues, dont deux inachevées mais non détruites, ce qui laisse à penser qu'il leur accordait
quelque valeur. Des toiles prodigieuses en vérité,
où la forme géométrique des maisons s'oppose à
la rhapsodie puissamment rythmée des éléments
naturels, arbres, collines au loin : une symphonie
de verts, cette couleur « des plus gaies, comme il
l'écrit à Victor Chocquet le 11 mai 1886, et qui
fait le plus de bien aux yeux ». Les formes, le vert,
l'espace. La vraie vie est tellement insupportable…

L'année terrible

1886. La comédie s'achève. Marie a gagné. Paul s'est finalement résolu à épouser Hortense. Le mariage s'annonce pour le printemps. Qu'attendre d'un mariage, après plus de quinze ans de vie commune avec une femme qu'on n'aime plus ? Rien. Cézanne n'attend rien. Il est fatigué. Trop de tension, trop d'attente — pour rien. Juste une petite vie médiocre dans un village, Gardanne, où il n'y a rien à faire, à part l'apéritif du soir au café où il retrouve quelques habitués.

Le travail lui redonne un semblant d'équilibre. « Je commence à peindre, mais parce que je suis à peu près sans ennui », écrit-il à Zola fin août. Durant l'automne, il reprend ses courses solitaires. Il vagabonde des jours entiers, dormant dans des fermes si la nuit le surprend trop loin de Gardanne. Il a même acheté un âne pour transporter son matériel, un bourricot indocile qui n'en fait qu'à sa tête, et dont il est obligé de suivre bon gré mal gré les fantaisies ambulatoires. Il revoit quelquefois Marion, le naturaliste, dont la compagnie savante et gaie l'apaise. De plus en plus souvent leurs pas les conduisent au pied de Sainte-Victoire. Il se réapproprie cette masse puissante dont il fera bientôt son motif majeur. Il entre lentement dans l'accomplissement ultime.

C'est sans doute vers la fin du mois de mars 1886 que Cézanne reçoit un exemplaire du nouveau roman de Zola, *L'Œuvre*. Il se met aussitôt à le lire. Le choc est violent, douloureux. Au fur et à mesure qu'il avance dans sa lecture, passé les premières pages où Zola évoque, à peine transposée, leur ardente jeunesse aixoise, Cézanne sent un sourd malaise l'étreindre, une peine profonde qui lui fait monter des sanglots dans la gorge. Certes, elles sont merveilleuses, ces premières pages. L'amitié, les escapades dans la campagne, les baignades, les rêves... Mais la suite est moins aimable. C'est lui, ce Claude Lantier, ce raté, ce pitoyable peintre à demi fou, furibond, angoissé, détruisant ses toiles, et qui finit par se suicider parce que son tableau ne « vient » pas. Un impuissant, un minable. La réponse de Cézanne ne tarde pas. Cette lettre, datée du 4 avril 1886, est la dernière que Cézanne adresse à Zola :

Mon cher Émile,
Je viens de recevoir *L'Œuvre* que tu as bien voulu m'adresser. Je remercie l'auteur des *Rougon-Macquart* de ce bon témoignage de souvenir, et je lui demande de me permettre de lui serrer la main en songeant aux anciennes années.
Tout à toi sous l'impulsion des temps écoulés.

Un ton digne, qui masque à peine le chagrin, la blessure. Un malentendu ? Quelle mouche a piqué

Zola ? Pourquoi avoir créé ce personnage, déployé ce récit qui ressemble à une exécution, sinon à un règlement de comptes ? En réalité, les choses sont un peu plus compliquées. Claude Lantier n'est pas Cézanne, ou il ne l'est que partiellement. Dans les milieux artistiques, dès que le roman a commencé de paraître en feuilleton, on a vite subodoré qu'il s'agissait d'un roman à clefs. Mais on n'a guère songé à Cézanne. À Manet plutôt, beaucoup plus connu. On s'est surtout indigné de la façon dont Zola traite ses anciens amis impressionnistes : des velléitaires qui « en restent aux ébauches, aux impressions hâtives, pas un ne semble avoir la force d'être le maître attendu ». Zola a changé, pense-t-on, ses luttes anciennes n'étaient que pur opportunisme, un moyen de se hausser du col, il a tout renié, il est passé dans l'autre camp. Sans doute pas méchamment, sans doute avec compassion pour ce qu'il considère le ratage de ces « vaincus ». Mais le résultat est là, calamiteux. Claude Monet ne s'y trompe pas : « Je lutte depuis un assez long temps, écrit-il à Zola sans masquer sa colère, et j'ai les craintes qu'au moment d'arriver, les ennemis ne se servent de votre livre pour nous assommer. » Autrement dit, Zola a trahi. Il est vrai que sur bien des points, il a fort peu transformé la réalité. Chacun peut se reconnaître dans des personnages et des situations à peine démarqués de souvenirs et de moments vécus : Baille est devenu un architecte nommé Dubuche, Solari figure sous le nom de Mahoudeau, Guillemet n'a guère changé en se transformant en Fagerolles. Et le café Guerbois, la statue du Nègre Scipion fondant sous la chaleur, les souvenirs de jeunesse... Zola, à son habitude, a travaillé d'après modèle. Cette fois il n'a pas eu besoin d'enquêter ; il lui a suffi de rassembler ses souvenirs, les notes prises aux Salons, les articles écrits à l'époque où il défendait la peinture nouvelle... Quelle pulsion diabolique lui a-t-elle soufflé cette cruauté qu'on peine à croire involontaire ? Cézanne comprend mieux maintenant les silences de Zola à son endroit, son peu d'empressement à le défendre et à louer son œuvre. Pendant toutes ces années où ils se voyaient, où ils passaient tant de temps ensemble, voilà ce que son ami pensait de lui.

Ils ne se reverront plus. Non sans un immense chagrin, peut-être de part et d'autre, assurément chez Cézanne. Des années plus tard, il livrera à Ambroise Vollard, le marchand de tableaux devenu son confident, le récit de la mort de cette amitié. Cézanne s'indigne de la fin de *L'Œuvre*, de la raison invoquée par Zola pour le suicide de son héros :

On ne peut pas exiger d'un homme qui ne sait pas, qu'il dise des choses raisonnables sur l'art de peindre ; mais, nom de Dieu, — et Cézanne se mit à taper comme un sourd sur sa toile, — comment peut-il oser dire qu'un peintre se tue parce qu'il a fait un mauvais tableau ? Quand un tableau n'est pas réalisé, on le fout au feu et on en recommence un autre[1] !

Mais il restera inconsolé de l'amitié perdue. Quelque temps plus tard, se souvient-il devant Vollard, il apprend que Zola est à Aix. « Je m'imaginai, comme de juste, qu'il n'osait pas venir me voir… Comprenez un peu, monsieur Vollard, mon cher Zola était à Aix ! J'oubliai tout, *L'Œuvre* et bien d'autres choses aussi, comme cette sacrée garce de bonne qui me regardait de travers pendant que je m'essuyais les pieds sur le paillasson avant d'entrer dans le salon de Zola. (…) Sans prendre le temps de plier mon bagage, je cours jusqu'à l'hôtel où il était descendu ; mais un camarade que je croisai en route me rapporta que l'on avait dit la veille, devant lui, à Zola : "Irez-vous manger la soupe chez Cézanne ?" et que Zola avait répondu : "À quoi bon revoir ce raté ?" Alors je retournai au motif. » « Les yeux de Cézanne étaient pleins de larmes, raconte Vollard. Il se moucha pour cacher son émotion, puis : « Voyez-vous, monsieur Vollard, Zola n'était pas un méchant homme, mais il vivait sous l'influence des événements[2]. » Pas lui. À Joachim Gasquet, vers la fin de sa vie, il dira :

Rien n'est plus dangereux pour un peintre que de se laisser aller à la littérature. J'en sais quelque chose. Le mal que Proudhon a fait à Courbet, Zola me l'aurait fait. J'aime beaucoup que Flaubert, dans ses lettres, s'interdise rigoureusement de parler d'un art dont il ignore la technique[3].

*

Le 28 avril 1886, Paul épouse Hortense à la mairie d'Aix. La cérémonie n'a rien d'une fête. Louis-Auguste est présent, bien diminué déjà. Il sait tout depuis longtemps, ces pauvres secrets, il en a joué, voilà l'affaire officialisée. Tout ça pour ça... Cézanne offre un déjeuner aux témoins, dont son beau-frère Maxime Conil, auquel Hortense, semble-t-il, ne participe pas. La bénédiction religieuse a lieu le lendemain à l'église Saint-Jean-Baptiste, cours Sextius, en présence de Maxime Conil, de Marie, et de deux témoins convoqués pour signer le registre. Et ce fut tout, eût dit Flaubert.

Hortense ne s'attarde pas au Jas de Bouffan. Pour elle l'atmosphère y est irrespirable. Marie la tolère à peine. Mme Cézanne mère préfère avoir son Paul pour elle seule. Louis-Auguste sucre benoîtement les fraises. La fin approche. La maison est régie par ces deux femmes qui ont fini par obtenir ce qu'elles voulaient : Paul marié, les apparences sont sauves, qui plus est avec une femme peu encombrante. Il peut se reposer entièrement sur elles pour les soucis domestiques. Quant à sa famille, il la voit quand bon lui semble. Étrange lune de miel...

Les motifs de tristesse s'accumulent. À la fin du mois de juin de cette mauvaise année 1886, c'est son ami le peintre Monticelli qui meurt. Atteint d'hémiplégie, agonisant, il a peint jusqu'à la fin. Pour lui la peinture a toujours été une fête, son unique bonheur, une orgie de couleurs et de formes. Paul accuse durement le coup. Il a perdu Zola — la fin d'une amitié est pareille à un deuil —, il a perdu sa pauvre liberté dans un mariage de convenance, il vient de perdre l'un de ses plus chers confrères, auprès de qui il n'a connu que la gaieté, la lumière, l'élégance suprême d'être absolument soi-même, de vivre en conformité avec ses rêves et ses désirs. C'est peut-être comme un signe du destin, un de ces moments de la vie qui annoncent de profondes mutations. Une force obscure le pousse à quitter la Provence pour regagner Paris.

La curiosité n'est pas étrangère à ce nouveau départ. Il veut savoir ce qui s'y passe. Sitôt arrivé, il file chez le père Tanguy, chez qui sont toujours entreposées quelques-unes de ses toiles. Mais les affaires ne sont pas brillantes. Le père Tanguy n'a pas la bosse du commerce. Sa boutique recèle des trésors, des Guillaumin, des Pissarro, des Gauguin, or on n'en fait pas encore grand cas, à part lui-même qui chérit les œuvres qu'il abrite dans sa boutique. Toutefois il n'a pas le génie de leur faire prendre de la valeur. Les toiles de Cézanne, son préféré, valent 40 francs (les petites) ou 100 francs (les grandes) : une misère. Quand une toile lui plaît trop, il l'affiche à des prix inabordables pour ne pas s'en séparer. Depuis quelque temps il s'est entiché d'un jeune peintre hollandais assez étrange, un tourmenté autodidacte qui produit des œuvres violentes, colorées, lourdement empâtées, mais d'une force incontestable, un certain Vincent Van Gogh. Julien Tanguy lui aurait fait rencontrer Cézanne, déconcerté devant cet énergumène affichant un état de permanente révolte et d'agitation extrême. Ses peintures spontanées, d'une expressivité hallucinée, qui semblent comme jaillies du couteau à palette sans ce souci de la composition, de l'élaboration lente qui caractérise le travail de

Cézanne, le laissent perplexe. « Sincèrement, lui aurait-il dit, vous faites une peinture de fou. » On émettra quelques doutes. Cézanne a de la colère, mais pas de mesquineries. Et lui-même a si souvent reçu cette insulte... A-t-il même rencontré Van Gogh ? Il n'en a jamais parlé. Légende, légende...

Le père Tanguy peine à joindre les deux bouts. Ce révolté échaudé par des péripéties politiques qui ont failli le conduire devant le peloton d'exécution se méfie de tout le monde. Ses peintres ne sont-ils pas de dangereux subversifs, eux-mêmes en délicatesse avec l'autorité ? Quand un client inconnu pénètre dans sa boutique crasseuse, il le jauge longuement, le soupçonnant d'être un mouchard, grommelle, se fait prier pour dévoiler les merveilles qu'il dissimule dans son arrière-boutique. On a connu des galeristes plus convaincants. L'année précédente, aux abois, il demandait à Cézanne dans une lettre criblée de fautes d'orthographe le solde de ses dettes : plus de 4 000 francs. On dit même que le père Tanguy, c'est Ambroise Vollard qui le rapporte, découpait des bouts d'étude de Cézanne pour les vendre au détail. On pouvait toujours emporter trois pommes, si on ne voulait pas du reste.

Mais il est des lieux où souffle l'esprit, fût-ce dans une parfaite innocence. La boutique du père Tanguy est de ceux-là. Les vrais amateurs, ceux qui savent regarder, s'y retrouvent. Les toiles s'achètent, s'échangent. Pissarro, abasourdi, suit le cheminement pictural de son élève ami. Il le défend bec et ongles, en particulier auprès de Huysmans, à qui il reproche de n'avoir pas consacré à Cézanne, dans son *Art moderne*, toute la place qu'il mérite : « Puis-je me permettre de vous dire, mon cher Huysmans, que vous vous êtes laissé entraîner dans des théories littéraires qui ne peuvent être applicables qu'à l'école de Gérôme... modernisée ? » Paul Gauguin, qui a quitté le milieu asséchant de la finance pour se consacrer tout entier à la peinture, a acquis quelques toiles de Cézanne qu'il refuse absolument de revendre malgré ses difficultés financières, l'art nourrissant moins son homme que la spéculation.

Pour Cézanne ce n'est pas encore la gloire, loin s'en faut, mais le sillon se creuse peu à peu, lentement, avec la force paisible des choses longuement mûries. Son séjour à Paris lui permet de constater qu'il garde de fidèles soutiens, en dépit du mauvais tour que lui a joué Zola. Parmi ces admirateurs il peut toujours compter sur Victor Chocquet, chez qui il va séjourner en Normandie avant de repartir pour Aix. La vie de Chocquet est une misère, malgré un récent héritage qui lui permet d'assouvir sa passion pour la peinture et les objets d'art. Il traîne une sombre mélancolie. Le portrait que Cézanne fait de lui, cet été-là, montre un homme émacié, vieillissant, profondément triste. Mais l'œuvre, épurée, rigoureuse dans sa construction, est magnifique. Chocquet... Cézanne frémit de colère quand il songe comment Zola l'a traité dans *L'Œuvre*, ce personnage de collectionneur fou qui accumule les « toiles délirantes » de Claude Lantier. Vers qui se tourner, bon Dieu ?

Cézanne est reconnu par ses pairs. Cela devrait lui suffire et l'apaiser. Alors pourquoi cette tristesse, la gorge qui se serre, les larmes qui montent aux yeux quand il pense à toutes ces années de travail, à tout ce qu'il a donné de meilleur... Dans le train qui le ramène vers Aix, pendant ce long voyage qu'il a déjà fait tant de fois, il songe à tout laisser tomber. Mais pourra-t-il jamais s'empêcher d'étaler des couleurs sur une toile ?

*

Louis-Auguste meurt le 23 octobre 1886, à l'âge de quatre-vingt-huit ans. Pendant près d'un demi-siècle, Cézanne a subi l'autorité maladive de ce père étrange, monstre d'orgueil et de fausse humilité, calculateur, roublard. Se sont-ils aimés, malgré tout ? Sans cette opposition de granit, Paul aurait-il aussi obstinément cherché à se réaliser ? Louis-Auguste a-t-il voulu lui faire payer par avance la fortune acquise, dont il hérite maintenant, et qui fait de lui un homme riche ? Car il est riche. « Le papa, le papa », murmure-t-il devant le corps de son père. Le papa a fait de lui un rentier. Désormais il recevra annuellement la somme de 25 000 francs, dividendes de placements habiles, dans les chemins de fer notamment.

Mais on n'a pas vécu dans la gêne pendant toute sa vie d'adulte pour prendre à l'approche de la cinquantaine des habitudes de luxe. Il n'a jamais appris à dépenser l'argent. Disposant d'une coquette fortune, Paul reste un frugal. Son plat préféré ?

la salade de pommes de terre. L'argent, cela sert avant tout à acheter des couleurs et des toiles.

Ce n'est pas tout à fait le point de vue d'Hortense. Longtemps privée du nécessaire autant que du superflu, détestant Aix et la vie qu'elle y mène, cette solide Jurassienne rêve de changer d'air, de rentrer à Paris. Pour les sous, Cézanne consent à lui donner ce qu'elle désire. L'argent ne lui est rien. Quant à rentrer à Paris, pour l'instant il n'en est pas question. Paul a un rendez-vous, longtemps différé, avec une montagne.

La montagne magique

Le père repose au cimetière. Paul court vers le motif. Depuis longtemps déjà, Sainte-Victoire est au centre de son regard. Elle l'a toujours accompagné, depuis le temps de ses courses folles avec Zola. Elle est là, forme unique, triangle minéral dressé vers le ciel, mais reposant lourdement sur le paysage. Le lieu est marqué par l'histoire. Son nom même semble remonter à la victoire de Marius sur les hordes barbares de Cimbres et de Teutons, au Iᵉʳ siècle après Jésus-Christ. On dit même que la terre alentour est rouge encore de tout le sang versé dans cette effroyable bataille. D'autres étymologies, peut-être plus fantaisistes (« la montagne des vents ») ont été proposées au fil du temps. Dans la région d'Aix, cette splendide bête couchée est la montagne sacrée. Pour Cézanne elle deviendra la montagne magique.

Il la peint de différents points de vue, toujours en quête de nouvelles perspectives. Dans la première série des Sainte-Victoire, qui date du milieu des années 1880, la montagne n'est pas encore la forme peinture, le motif obsessionnel et triomphant qui deviendra l'emblème de la modernité picturale, les premiers pas vers le cubisme et l'abstraction : c'est encore un paysage. La montagne représente un point d'ancrage, un amer, élément de stabilité minérale dans un décor de champs cultivés, avec au premier plan un pin aux branches tourmentées. Le plus souvent, il peint chez sa sœur Rose et son beau-frère Maxime Conil, qui viennent d'acheter, peut-être avec l'héritage paternel, la belle propriété de Montbriant, au sud d'Aix (on sait même qu'ils l'ont payée 38 000 francs). Mais il déambule aussi beaucoup dans les environs, cherchant la meilleure perspective, comme l'attestent les points de vue légèrement différents à partir desquels il peint sa montagne. La vallée de l'Arc, le viaduc, le pin. Quelquefois il s'approche plus près de la montagne, par la route du Tholonet. Château-Noir. Les carrières de Bibémus. Il reprend possession de son ultime territoire.

Étrange période de sa vie. Comme si la mort de Louis-Auguste l'avait libéré. Il n'attend plus rien, mais il n'a jamais autant travaillé, si cela est possible. Entouré de ses trois femmes, sa mère, sa sœur, Hortense, choyé comme un coq en pâte et souvent exaspéré de cette sollicitude, il s'enfuit dans le travail. La vie s'échappe. Marronniers décharnés de l'allée du Jas de Bouffan. Paysages d'hiver blafards. Il sent que quelque chose se transforme dans son corps. Cette fatigue... Comme si le sang circulait mal dans ses veines. Ces vertiges angoissants. Le monde lui est hostile. Le diabète commence à le ronger pour de bon. C'est de cette époque que date le début de son étonnant retour à la religion. Quelquefois, au Tholonet, il s'arrête pour entendre la messe dans la petite église. Oh, il ne se transforme pas en grenouille de bénitier, comme sa sœur Marie, mais c'est sans doute à elle qu'il doit cette attitude nouvelle, lui qui affichait dans sa jeunesse un anticléricalisme goguenard. La paix, enfin. On ne se sent pas si mal dans une église, bercé de vapeurs d'encens et de paroles de consolation, dût-on n'y croire qu'à demi. Autre forme de stabilité quand la folie menace, quand on se sent de plus en plus seul sur la voie qu'on a choisie. L'apparence du conformisme pour garder intact l'essentiel, le noyau dur, la nécessaire fuite vers l'inconnu. Mais, comme l'art, Dieu est une drogue dure. Au cours des années, la religion va prendre une place croissante dans cet esprit, dans ce corps en quête de paix et de certitudes.

*

De retour à Paris en 1888, il s'installe quai d'Anjou, dans un appartement situé au deuxième étage d'un bel hôtel du XVIIe siècle. Hortense est ravie. L'agrément enfin, l'aisance et la liberté, loin des miasmes du Jas de Bouffan. L'île Saint-Louis est l'un des plus beaux lieux de Paris, de longue date habité par les peintres et les artistes.

Mais Cézanne peine à retrouver la sérénité. Il ne tient pas en place. Il a loué un atelier rue du Val-de-Grâce pour n'être pas constamment englué dans l'atmosphère familiale. Il s'échappe aussi souvent qu'il le peut aux alentours de Paris. C'est sans doute la période hivernale et la proximité du Carnaval et du Carême qui lui inspirent un thème assez inattendu dans son œuvre : le personnage d'Arlequin. Pour réaliser ces toiles, il fait poser son propre fils Paul, déguisé en Arlequin, et le fils d'un cordonnier de ses amis, affublé en Pierrot. Les séances de pose sont pénibles, presque insupportables. Paul connaît l'humeur ombrageuse de son père et ses colères dantesques si on remue un petit doigt : il ne moufte pas. Louis, le jeune Pierrot, finira par s'effondrer, évanoui d'épuisement. Une séance de torture. Mais les toiles sont là, *Arlequin* et *Mardi-Gras*. Deux chefs-d'œuvre. « L'*Arlequin*, note John Rewald, possède une qualité que Cézanne n'a jamais rendue — ou même tenté de rendre — dans d'autres peintures. La toile est à la fois hardie et délicate, très tendue et néanmoins vibrante[1]. » Arlequin, vêtu d'un costumé bariolé, se tient debout, la jambe droite très allongée. *Mardi-Gras* est une fête quelque peu grotesque, fortement colorée, personnages comme figés, raideur voulue de la posture. Des années plus tard, ces toiles irradieront le fauvisme et le cubisme. Picasso leur rendra un somptueux hommage avec son fameux *Paul en Pierrot*.

Le printemps venu, Cézanne passe cinq mois à Chantilly, où il réalise quelques toiles luxuriantes : feuillages, sous-bois, demeures enfouies sous des arceaux de verdure, des œuvres assez classiques, équilibrées, qui semblent refléter un certain apaisement.

Mais la Provence l'appelle à nouveau. Il s'en

va passer l'hiver au Jas de Bouffan. A-t-il pris connaissance de l'article que lui consacre Huysmans dans son inimitable — déjà — style tarabiscoté de décadent fin de siècle ? « En somme, un coloriste révélateur, qui contribua plus que feu Manet au mouvement impressionniste, un artiste aux rétines malades, qui, dans l'aperception exaspérée de sa vue, découvrit les prodromes d'un nouvel art, tel semble pouvoir être résumé, ce peintre trop oublié, M. Cézanne[2]. »

L'allusion aux « rétines malades » du peintre laisse rêveur. Huysmans en est resté aux préjugés de Zola, qui, dans *L'Œuvre*, expliquait les bizarreries picturales de Lantier par un défaut physiologique…

Les rétines malades de Cézanne impressionnent pourtant fortement Renoir qui lui rend visite au Jas de Bouffan en cet hiver 1888. Il est subjugué par le niveau de maîtrise auquel Paul a désormais atteint : « Comment fait-il ? Il ne peut poser deux touches de couleur sur une toile sans que ce soit très bien. » Quant à l'œil du peintre, qui regarde le motif comme pour le transpercer, « ardent, concentré, attentif, respectueux », ce n'est certes pas celui d'un infirme du regard. Mais Renoir trouve un Cézanne plus tourmenté que jamais, qui passe d'une seconde à l'autre de l'enthousiasme à l'abattement, qui continue à détruire les toiles qu'il juge manquées, ou les abandonne aux intempéries. Renoir raconte sa sauvagerie, sa rage dès qu'un promeneur le dérange sur le motif, comme cette tricoteuse qui s'approche des deux peintres :

« La vieille vache qui vient ! », grommelle Cézanne. Et il décampe, laissant un Renoir fort embarrassé. Au Jas même, son comportement est imprévisible. Une innocente plaisanterie que Renoir lâche sur les banquiers provoque chez Cézanne une colère irraisonnée, soutenue par Mme Cézanne mère. Le clan, le réflexe tribal, le souvenir encore vif du papa... Renoir est traité comme un prince, grandement nourri, et il se permet... On ne peut décidément pas entretenir une amitié avec ce caractériel. Renoir s'en va, comme les autres.

*

À Paris, on a construit un étrange monument, tout en acier, qui semble vouloir accrocher les nuages. La tour Eiffel, du nom de son concepteur, est la curiosité de l'Exposition universelle de 1889. Des artistes protestent contre cette insulte au bon goût, cette orgueilleuse et hideuse tour de Babel qui défie les lois de la physique. S'attendait-on à ce qu'un pareil monstre fût admis par tous sans regimber ? La tour est heureusement promise au démontage dès l'exposition achevée. Mais l'important, c'est la place que doivent occuper les Beaux-Arts à cette exposition. Victor Chocquet, qui a prêté pour l'occasion quelques-uns de ses chefs-d'œuvre, exige en contrepartie que l'on présente aussi une toile de Cézanne, la fameuse *Maison du pendu*, qu'il a récupérée auprès du comte Doria en échange d'une *Neige fondante en forêt de Fontainebleau*. Mais les choses n'ont guère évolué en vingt ans. Une fois encore, la toile de Cézanne est reléguée, mal pendue pourrait-on dire, accrochée à une hauteur telle que personne ne peut la voir. Cézanne était un proscrit pauvre. Il est maintenant un proscrit riche. Rien n'a changé. Jamais on ne voudra de lui, ni de son travail.

À l'automne 1889, pourtant, divine surprise. Une lettre d'Octave Maus, animateur du groupe des XX, artistes d'avant-garde à Bruxelles, l'invite à participer à leur propre exposition. Cézanne accepte :

> Me sera-t-il cependant permis de repousser l'accusation de dédain, dont vous me gratifiez relativement à mon refus de prendre part aux expositions de peinture ?
> Je vous dirai à ce sujet que les nombreuses études auxquelles je me suis livré ne m'ayant donné que des résultats négatifs, et redoutant des critiques trop justifiées, j'avais résolu de travailler dans le silence, jusqu'au jour où je me serais senti capable de défendre théoriquement le résultat de mes essais[3].

C'est à croire que *La Maison du pendu* est la seule toile qu'il juge digne de figurer à une exposition. Il se sent « pris de court » pour en proposer d'autres. À nouveau, il demande à Victor Chocquet de la prêter pour l'occasion. Il envoie également une *Esquisse de baigneuse*. Il feint l'indifférence, s'estimant « mis en demeure » de participer à l'exposition, mais il en attend beaucoup. Est-ce enfin le moment de la reconnaissance ? L'exposition est inaugurée à Bruxelles le 18 janvier 1890. Mais rien. Seul un journaliste risque ce jugement sans appel : « Art brouillé avec la sincérité. » Mérite-t-il que l'on cite son nom ?

Les joueurs de cartes

Cézanne est malade. Il le sait. Son mal porte un nom : le diabète. À la fin du XIXᵉ siècle, on soigne mal ce dysfonctionnement du pancréas qui empoisonne le système sanguin. Le traitement à l'insuline n'a pas encore été inventé. On ne sait que prescrire des régimes, ce qui convient mal à l'indocilité du peintre. Il souffre : douleurs sourdes qui interrompent son travail et altèrent son humeur naturellement changeante. Fatigues intenses ou, au contraire, états de surexcitation qui le plongent frénétiquement dans le labeur.

L'été 1890, la famille Cézanne séjourne dans le Doubs, d'où Hortense est originaire. Son père vient de mourir et elle doit régler quelques affaires de succession. Mais Hortense a une idée derrière la tête. Que fait-on, au XIXᵉ siècle, quand on a du temps, de l'argent, et que la Suisse est proche ? On s'y rend. Dès qu'elle le peut, elle file à Vevey avec le jeune Paul. Cézanne les rejoint une dizaine de jours plus tard. Ils séjourneront cinq mois en Suisse.

Cézanne détesta ce séjour. La présence de son

petit Paul, qui mûrit et grandit en sagesse, qui montre des dispositions pratiques dont lui-même est dépourvu, l'enchante. Mais pour le reste, la Suisse n'est pas à son goût. Ni l'atmosphère, ni la lumière, ni les gens ne trouvent grâce à ses yeux. Il peine à saisir ces paysages, si différents de ceux de la Provence ou de l'Île-de-France. À Neuchâtel, il installe son chevalet au bord du lac et cherche à en saisir les couleurs, la profondeur. Rien à faire, ce n'est pas chez lui. Hortense jubile : la Suisse est belle, assez semblable à son Jura natal, et la vie d'hôtel qu'ils y mènent est tout à fait à sa convenance. « Ma femme, dira un jour le peintre, n'aime que la Suisse et la limonade. » L'argent a des charmes, et Cézanne est un époux peu regardant : il partage en trois ses revenus, un tiers pour Hortense, un tiers pour Paul, un tiers pour lui-même. On dit même, mais on dit tant de choses, qu'Hortense ne rechigne pas à écorner pour son compte la part de son époux. De quoi bénir la mémoire de Louis-Auguste et tenter d'oublier les années de misère.

Neuchâtel, Berne, Fribourg. C'est dans cette dernière ville qu'un beau jour Cézanne disparaît. La raison que l'on invoque pour cette circonstance peut sembler douteuse — ou inquiétante : bouleversé, dans la rue, par la rencontre d'une manifestation antireligieuse, il se serait enfui, heurté dans ses convictions, cette foi qui lui revient, remontant des origines, et peut-être des harcèlements de sa sœur. Prétexte pour se carapater et abréger le séjour ? On l'en croit assez capable. Hortense et

Paul pensent le retrouver le soir même à l'hôtel, mais plus de peintre. Ils se morfondent quatre jours entiers, inquiets malgré les habitudes fugueuses de l'artiste. Une lettre arrive enfin, postée de Genève. Cézanne les y attend, calmé. Hortense insiste pour prolonger ce périple enchanteur : Vevey, Lausanne. Cézanne n'en peut plus. La Suisse l'exaspère. Disputes. Il veut rentrer à Aix, Hortense à Paris. Ce qu'elle fait, laissant un Cézanne désemparé qui regagne le Jas de Bouffan.

*

On n'oublie jamais ses premières émotions. Au musée d'Aix, Cézanne a toujours éprouvé une attirance particulière pour un tableau attribué à Le Nain, *Les Joueurs de cartes*. Il a toujours rêvé de s'en inspirer, de peindre de cette façon. Pourquoi ce thème ? Parce qu'il l'a toujours eu sous les yeux. Parce que, dans ces personnages de joueurs de cartes, il peut contenir l'humanité entière et réinventer encore la peinture : cette fois la peinture de genre.

Sur ce thème il réalisera cinq tableaux, assortis de nombreuses études. Qui sont ces hommes, saisis de profil, jouant paisiblement aux cartes dans une pièce au décor modeste ? Selon Paul Alexis, il s'agirait de paysans du Jas de Bouffan. L'homme à gauche, la pipe au bec, c'est le jardinier Paulet. Cézanne a pris pour modèle d'intérieur les pièces de fermes qu'il connaît dans les environs, où il a dormi peut-être au cours de ses expéditions solitaires.

La plus grande de ces toiles, celle de la fondation

Barnes, où figurent cinq personnages, est exception-
nelle par sa taille dans l'œuvre du peintre : seules
Les Grandes Baigneuses sont d'une dimension supérieure. Toile muette. Les personnages sont ten-
dus, concentrés, engoncés dans des vêtements épais :
jouer aux cartes n'est pas une plaisanterie. Ces
hommes prennent une allure imposante, un statut
de figures granitiques, à jamais figés dans leur tension. Le ton bleuté du tableau, l'extraordinaire jeu
des couleurs confèrent à la scène une dimension
qui excède largement le simple témoignage naturaliste d'un tableau de genre. Le beau visage d'une
jeune fille, un peu masqué, adoucit l'impression de
dureté, d'hostilité presque, que dégage le groupe
d'hommes. La deuxième version de la série, celle
du Metropolitan Museum of Art de New York,
comporte quatre personnages, les trois suivantes
n'en comptent plus que deux : ils sont saisis de
profil, placés de part et d'autre de la table. Tout
dans ces toiles donne à ce geste quotidien, banal,
du jeu, la solennité d'une cérémonie, à cette représentation la force d'un moment d'éternité. Simplicité des lignes et du décor, dignité grave des
attitudes : une image de l'homme dans son quotidien, mais aussi au-delà, dans un singulier rapport
d'harmonie avec le monde. En abandonnant le
monumental, Cézanne se concentre sur l'essentiel,
gagne en sobriété pour atteindre l'être.

On connaît assez bien la vie du peintre en cet
hiver 1890-1891, grâce à Paul Alexis et Numa
Coste : ils ravitaillent Zola, qui le leur a probablement demandé, en nouvelles de Paul. Alexis ra-

conte par exemple, sans y mettre trop de manières, le retour d'Hortense (surnommée « la Boule ») et du « crapaud de fils » (surnommé « le Boulet »), sommés par Cézanne, qui a diminué leur pension, de rentrer à Aix. Ce qu'ils font. « Nonobstant, écrit Alexis, lui ne compte pas quitter sa mère et sa sœur aînée, chez lesquelles il est installé au faubourg, où il se sent très bien et qu'il préfère carrément à sa femme, là. Maintenant si, comme il l'espère, la Boule et le mioche prennent racine ici, rien ne l'empêchera plus d'aller de temps en temps vivre six mois à Paris. "Vive le beau soleil et la liberté !" crie-t-il. Les journées, il peint au Jas de Bouffan, où un ouvrier lui sert de modèle, et où j'irai un de ces jours voir ce qu'il fait. Enfin, pour compléter sa psychologie : converti, il croit et pratique. "C'est la peur !... Je me sens encore quatre jours sur la terre ; puis après ? Je crois que je survivrai et je ne veux pas risquer de rôtir *in aeternum*"[1]. »

Numa Coste, lui aussi, informe Zola de l'état du peintre. Lettre du 5 mars 1891 :

Comment expliquer qu'un banquier rapace et dur puisse donner naissance à des êtres comme notre pauvre ami Cézanne que j'ai vu dernièrement. Il se porte bien et physiquement il ne périclite pas. Mais il est devenu timide et primitif et plus jeune que jamais.

Il habite le jas de Bouffan avec sa mère qui est du reste brouillée avec la Boule, laquelle n'est pas bien avec ses belles-sœurs, ni celles-ci entre elles. De sorte que Paul vit d'un côté, sa femme de l'autre. Et c'est une des choses les plus attendrissantes que je connaisse, que de voir ce brave garçon conserver ses naïvetés d'enfant, oublier les mécomptes de la lutte et s'acharner, résigné et souffrant, à la poursuite d'une œuvre qu'il ne peut pas enfanter[2].

Ignorance, aveuglement, sottise. Une œuvre qu'il ne peut pas enfanter... Rappelons qu'il reste de Cézanne, de par le monde, plus de huit cents toiles, d'innombrables dessins et aquarelles. Et on ne compte pas, évidemment, les centaines d'œuvres perdues ou détruites.

Avec la mort de Chocquet, le 7 avril à Yvetot, qui affecte profondément Cézanne, c'est une époque qui s'achève, celle des soutiens confidentiels. Car les choses bougent. La boutique du père Tanguy, qui vient de déménager du 14 au 9 de la rue Clauzel, attire de plus en plus de monde. Et la condescendance attristée des amis Coste et Alexis n'est pas partagée par tout le monde.

Devenir une légende

Ce qu'il faut, qu'on soit peintre, écrivain ou chanteur de rock, c'est devenir un mythe. Cela se paie cher : mort prématurée, long purgatoire ou durables malentendus, mais c'est la seule chance de ramasser toute la mise. Autour de Cézanne, une légende commence à se créer. La nouvelle génération des peintres, les « Nabis », qui se réclament du symbolisme, Maurice Denis, Sérusier, Vuillard, tous disciples de Gauguin qui leur a souvent parlé de lui avant de partir pour Tahiti, cherchent à percer le mystère Cézanne. Qui est-il ? Existe-t-il ? On l'évoque à mots couverts. Le père Tanguy lui-même élude les questions. Ce peintre que l'on ne voit jamais, on se demande s'il n'est pas mort. Sinon, il vivrait quelque part du côté d'Aix. On va même, c'est le début de la gloire, jusqu'à supposer que Cézanne, comme Shakespeare, ne serait pas Cézanne, mais un peintre connu menant double vie, élaborant en secret une œuvre trop originale pour être avouée. C'est Maurice Denis, peintre et critique, qui suggère cette hypothèse. Denis, après avoir vu des toiles de Cézanne chez le père Tanguy, a vite changé sa stupeur effarée en franche admiration.

En 1892, deux études sur le peintre paraissent presque simultanément. En février, Georges Lecomte publie dans *L'Art moderne*, revue bruxelloise, un article dans lequel il désigne Cézanne comme un précurseur : « C'est surtout M. Cézanne qui fut l'un des premiers annonciateurs des tendances nouvelles et dont l'effort exerça une influence notable sur l'évolution impressionniste. » La même année, Lecomte publie un livre, *L'Art impressionniste d'après les collections de M. Durand-Ruel*, où l'on peut lire ce bel hommage : « Son métier sobre, sa synthèse et ses simplifications de couleurs si surprenantes chez un peintre particulièrement épris de réalité et d'analyse, ses lumineuses ombres délicatement teintées, ses valeurs très douces dont le jeu savant crée de si tendres harmonies, furent un profitable enseignement pour ses contemporains. » On tique un peu sur le passé simple : « furent ». Cézanne est comme enterré avant d'avoir connu la gloire. Un peu plus tard, c'est Émile Bernard qui livre, dans un numéro de la série de monographies *Les Hommes d'aujourd'hui* consacré à Cézanne, la formule la plus lucide pour caractériser le génie du peintre qui, écrit-il, « ouvre à l'art cette surprenante porte : la peinture pour elle-même ».

Ces frémissements de reconnaissance n'échappent pas à un jeune homme récemment installé à Paris comme marchand d'art. Il s'appelle Ambroise Vollard. D'origine créole, il promène une démarche nonchalante et lasse, mais on aurait tort de s'y tromper : Vollard est un œil, même à demi ouvert. Pour l'heure ses affaires ne sont guère florissantes, il débute. Il hante les lieux où l'on peut voir de la peinture, en acheter et en vendre. Dans ses souvenirs de marchand d'art, où l'on trouve l'un des meilleurs textes jamais consacrés à Cézanne, il raconte :

Lorsque je connus Tanguy, les choses avaient un peu changé. Non pas que les amateurs fussent devenus plus clairvoyants ; mais Cézanne avait repris la clef de son atelier, et le père Tanguy, qu'Émile Bernard avait fini par persuader de la supériorité de certaines œuvres sur d'autres, tenait les quelques Cézanne qui lui restaient pour un trésor sans prix. (...) Il avait fini par enfermer dans sa malle « ses » Cézanne, qui, après sa mort, ne furent guère disputés à l'Hôtel Drouot[1].

Vollard comprend vite qu'il a été mis en présence d'un trésor. Cézanne n'a pas de marchand digne de ce nom pour s'occuper de son œuvre, car le père Tanguy... Et on parle de lui : une mine d'or inexploitée.

*

Une photo, un autoportrait. Le Cézanne du début de ces années 1890 ressemble déjà à un vieil homme. Sur l'autoportrait on le découvre « superbe en quinquagénaire à barbe grise et chapeau de ligueur ». Mais la photo... Chauve, des cheveux filasse descendant bas sur le col, blanchi ; un bouc soigné a remplacé la barbe touffue de prophète. Le mouvement qui, à Paris, se dessine autour de son œuvre ne semble pas l'atteindre, ni le rendre plus gracieux.

Il est à nouveau à Paris dans le courant de l'été 1894. Il ne semble pas s'être manifesté à l'occasion du décès de deux hommes qui ont joué un rôle si grand dans la défense de son œuvre.

C'est d'abord le père Tanguy qui est mort au mois de février, d'un cancer de l'estomac. Souffrant le martyre, il a voulu quitter ce monde chez lui, au milieu de ses tableaux. Au mois de juin, une vente est organisée par Octave Mirbeau en faveur de sa veuve. Les tableaux de Cézanne que Tanguy détenait dans sa boutique partent à des prix ridiculement bas : *Les Dunes*, 95 francs ; *Coin de village*, 215 francs ; *Le Pont*, 102 francs ; *Village*, 175 francs. Toutes ces toiles sont achetées par Ambroise Vollard qui, impécunieux, demande un délai pour le paiement. Cézanne n'a envoyé aucun tableau. Sait-il seulement que son premier « marchand » est mort ?

Le 21 février, c'est Gustave Caillebotte qui meurt à son tour. Une congestion pulmonaire, contractée alors qu'il taillait ses rosiers, a emporté, beaucoup plus tard qu'il ne le pensait, ce peintre délicat, cet ami parfait qui a tant œuvré pour la reconnaissance des impressionnistes. Le legs de Caillebotte à l'État comprend soixante-cinq tableaux de sa collection personnelle. Un véritable trésor, dont trois Manet, seize Monet, dix-huit Pissarro, huit Renoir et quatre Cézanne. Mais ce legs ne va pas de soi pour tout le monde. Aussitôt des peintres « officiels » menés par Jean-Léon Gérôme, peintre académique, entrent en campagne et font pression sur l'administration pour que le legs Caillebotte soit refusé, au motif que cette collection représente une offense à la morale publique. Gérôme n'y va pas par quatre chemins : « Nous sommes dans un siècle de déchéance et d'imbécillité… C'est la société entière dont le niveau s'abaisse à vue d'œil… (…) Je le répète, pour que l'État ait accepté de pareilles ordures, il faut une bien grande flétrissure morale… Des anarchistes ! et des fous. Ces gens-là peignent chez le docteur Blanche, ils font de la peinture sous eux, vous dis-je… On blague, on dit : "Ce n'est rien, attendez…" eh bien, non, c'est la fin de la nation, de la France. » Bigre. Quand des imbéciles se mettent à invoquer la nation et la France, la guerre civile n'est pas loin. La querelle s'envenime. Les officiels de la direction des Beaux-Arts et du musée du Luxembourg sont obligés de composer : ils ne peuvent refuser en bloc le legs Caillebotte. Ils l'acceptent finalement, mais rendent quelques toiles aux héritiers des artistes incriminés.

Dans le même temps, au mois de mars 1894, Théodore Duret, un grand amateur d'art, décide de vendre sa propre collection, qui compte une quarantaine de tableaux, parmi lesquels trois Cézanne dont la vente, c'est un signe, réalise le coquet bénéfice de 2 000 francs. C'est le moment que choisit Gustave Geffroy pour publier un article louangeur sur le peintre d'Aix. Cézanne lui adresse des remerciements émus, mais il semble bien loin de cette agitation. Il séjourne à Alfort. Durant l'été il emménage à Paris, rue des Lions-Saint-Paul, dans un petit appartement.

En septembre, il part pour Giverny. Claude Monet s'y est établi depuis une huitaine d'années, dans une vaste maison entourée d'un somptueux jardin. Cézanne s'installe dans le village, à l'hôtel Baudy, où séjourne aussi Mary Cassatt, une artiste américaine amie de Monet, et une jeune femme peintre, Matilda Lewis, qui, dans une lettre à sa famille, brosse de Cézanne ce portrait saisissant :

Il ressemble à la description d'un méridional par Daudet. Quand je l'ai vu pour la première fois, il me fit l'impression d'une espèce d'égorgeur, avec des yeux larges et rouges à fleur de tête, qui lui donnaient l'air féroce, encore augmenté par une barbiche pointue, presque grise, et une façon de parler si violente qu'il faisait littéralement résonner la vaisselle. J'ai découvert par la suite que je m'étais laissé tromper par les apparences car, loin d'être féroce, il a un tempérament le plus doux possible, comme un enfant[2].

Matilda Lewis évoque aussi les « manières » du peintre, assez surprenantes par leur rusticité. « Il gratte son assiette de soupe, puis la soulève et fait couler les dernières gouttes dans la cuillère ; il prend même sa côtelette dans ses doigts, arrachant la viande de l'os. » Mais elle insiste sur l'infinie délicatesse du peintre, sur sa politesse, sur sa conversation pétrie de tolérance.

Par amitié, Claude Monet convie Cézanne à se joindre à la petite bande d'invités qu'il a rassemblés chez lui ce 28 novembre 1894. Du beau monde :

Octave Mirbeau, Auguste Rodin, Georges Clemenceau, et le critique Gustave Geffroy, auteur du bel article qui a tant ému Cézanne. Monet, qui redoute les sautes d'humeur de Paul, a averti ses hôtes des bizarreries du peintre, comme pour s'excuser par avance d'un incident possible. Mais Cézanne, ce jour-là, est exceptionnellement charmant. Cette compagnie prestigieuse l'intimide et le galvanise tout à la fois. Mirbeau, « le premier écrivain de son temps » selon Paul, le prodigieux Rodin, génie de la sculpture, Clemenceau, étoile de la politique, peu avare de plaisanteries qui font rire Cézanne aux larmes. À vrai dire, il n'a pas tout à fait l'air dans son état normal, mais existe-t-il un état normal chez ce cyclothymique ? Aujourd'hui il est au zénith. Les paupières humides d'émotion, il s'émerveille que Rodin, « pas fier », lui ait serré la main. Un homme décoré ! Si on connaissait moins bien Cézanne, on penserait que c'est de l'humour, ou l'ironie de l'orgueil. Mais non. À table, grisé par le vin, il se lâche, comme on dit, et même il dénigre un peu les confrères. Ce Gauguin… « J'avais une petite sensation, une toute petite, toute petite sensation. Rien… Ce n'était rien… Ce n'était pas plus grand que ça… Mais enfin, elle était à moi, cette petite sensation. Eh bien, un jour, ce M. Gauguin, il me l'a prise. Et il est parti avec elle. Il l'a trimbalée sur des paquebots, la pauvre ! » L'assemblée se regarde, rigolarde et embarrassée. Bizarre, le bougre. Après le déjeuner, au jardin, il se jette aux pieds de Rodin pour le remercier de lui avoir serré la main[3].

Un autre jour, Monet a convié quelques amis, dont Renoir et Sisley, pour honorer Cézanne. Il avait l'air si heureux, la dernière fois… Mais il arrive en retard ; Monet lui sert quelques paroles d'amitié et d'estime, au nom de tous. C'est un jour sans. Cézanne fond en larmes, lève vers Monet un visage bouleversé. « Vous aussi, Monet, vous aussi vous vous foutez de moi ! » Et il s'en va, plantant là l'assemblée désolée.

Il quitte Giverny sans rien dire à personne, laissant à l'auberge plusieurs toiles inachevées. Monet les lui renvoie.

*

En janvier 1895, le capitaine Dreyfus est destitué, dégradé et envoyé au bagne de Cayenne, accusé d'espionnage au profit de l'Allemagne. Début de l'Affaire. Elle brisera des amitiés, fâchera des familles. Cézanne est antidreyfusard. C'est plus convenable. À la vérité, il s'en fiche.

Il a parfois des audaces de timide, des pulsions de stratège pataud. Le voici méditant de reprendre contact avec le critique Gustave Geffroy, qui lui a consacré de si beaux articles. En avril, il lui écrit :

Cher Monsieur Geffroy,
Les jours grandissent, la température est devenue plus clémente. Je suis inoccupé toutes les matinées jusqu'à l'heure où l'homme civilisé se met à table. J'ai l'intention de monter jusqu'à Belleville pour vous serrer la main et vous soumettre

un projet que j'ai tantôt caressé, tantôt abandonné et que je reprends parfois...

Bien cordialement à vous.

Paul Cézanne, peintre par inclination.

Ce projet, c'est de réaliser le portrait de Geffroy, critique influent. En janvier, il a reçu *Le Cœur et l'esprit*, un livre dans lequel Geffroy s'est largement inspiré des idées de Cézanne sur l'art. Voilà une entrée en matière idéale.

Geffroy, curieux, et ne sachant pas ce qui l'attend s'il pose pour Cézanne, accepte la proposition. C'est le début d'une amitié, brève mais réelle. Avec Geffroy, Cézanne se montre beaucoup plus patient qu'avec ses autres modèles. Chaque jour il monte gaillardement jusqu'à Belleville et se met au travail devant un Geffroy épaté. Le critique pose, assis à son bureau. Cézanne a fait des marques à la craie afin de retrouver aisément la posture. Les deux hommes devisent, échangent leurs réflexions. Un monsieur, ce Geffroy, et qui sait regarder. Et il est l'intime de Clemenceau, ce grand homme... Mais Cézanne ne fait guère confiance aux politiques. En revanche il ne tarit pas d'éloges sur Claude Monet, « le plus fort de nous tous. Ce n'est qu'un œil, mais quel œil ! ». Cependant la toile s'élabore, étonnante de vigueur et de puissance, tout au long de ce printemps 1895. Des dizaines de séances de pose, le travail, l'harmonie. Mais un beau jour, l'attitude du peintre change, comme si un vertige l'avait saisi. Le portrait lui échappe, il n'y arrivera jamais. Le 12 juin, abasourdi, Geffroy reçoit cette lettre incompréhensible : « Cher Monsieur Geffroy, Étant sur le point de mon départ, et ne pouvant mener à bonne fin le travail qui dépasse mes forces, et que j'ai eu le tort d'entreprendre — je viens vous prier de m'excuser et de faire remettre au commissionnaire que je vous adresserai les objets que j'ai laissés dans votre bibliothèque. »

Geffroy proteste, se fâche. Cette toile est remarquable, il faut l'achever ! Cézanne s'exécute en maugréant. La belle humeur est passée. Muet, sombre, il travaille encore une huitaine de jours sur le portrait, puis il s'évanouit dans la nature. En juillet, Monet reçoit ce mot désenchanté :

J'ai dû abandonner momentanément l'étude que j'avais entreprise chez Geffroy, qui s'est mis si libéralement à ma disposition, et je suis un peu confus du mince résultat que j'ai obtenu, et surtout après tant de séances, et des emballements et des découragements successifs. Me voilà donc retombé dans le Midi, dont je n'aurais peut-être jamais dû m'éloigner, pour m'élancer à la poursuite chimérique de l'art.

En avril de l'année suivante, il enverra quelqu'un récupérer son matériel chez Geffroy. Les deux hommes ne se reverront plus.

*

Serait-il devenu tout à fait fou ? Certains inclinent à le penser. Pendant qu'il peignait le portrait de Gustave Geffroy, Cézanne a retrouvé son vieux camarade de l'académie Suisse, Francisco Oller, retour d'un périple de plusieurs années, qui l'a conduit en Espagne, où il a travaillé à la cour du roi Alphonse XIII, et jusqu'à Porto Rico. Cézanne, dans une phase d'affectueuse jovialité, a ouvert grand les bras à cet ami de sa jeunesse : il lui prête son atelier, règle ses dettes à la boutique de feu le père Tanguy et lui prête de l'argent. Oller, vieillissant, démuni, lui colle aux basques. Le « grappin » n'est pas loin. Quand Cézanne quitte précipitamment Paris, Oller panique et songe à le suivre dans le Sud. Mais Paul n'est plus d'humeur. Il fixe un faux rendez-vous à Oller gare de Lyon et prend grand soin d'éviter son obligé. Oller prend le train suivant, s'arrête à Lyon où il se fait voler 500 francs, continue jusqu'à Aix et informe Cézanne de son arrivée. Excédé, Cézanne lui envoie un mot bref : « Si c'est comme ça, viens tout de suite. Je t'attends. »

Oller ne peut imaginer la suite. Furieux, hors de lui, dans un état de violence exaspérée, Cézanne l'injurie, injurie ses confrères. Devant Oller médusé, il aurait traité Pissarro de « vieille bête », Monet de « finaud », écrasant ces gens de son mépris : « Il n'y a que moi qui aie du tempérament, que moi qui sache faire un rouge ! » Deux jours plus tard, Oller reçoit cette lettre insensée :

Monsieur, le ton d'autorité que vous prenez avec moi depuis quelque temps et la façon un peu trop cavalière dont vous vous êtes permis d'en user avec moi, au moment de votre départ, ne sont pas faits pour me plaire. Je suis résolu à ne pas vous recevoir dans la maison de mon père. Les leçons que vous vous permettez de me donner auront ainsi porté tous leurs fruits. Adieu donc.

Oller raconte cette misérable histoire à Pissarro, qui se désole. À l'évidence, Cézanne est fêlé. « N'est-ce pas triste et dommage, écrit-il à son fils Lucien, qu'un homme doué d'un si beau tempérament, soit si peu équilibré ? »

Une consécration

Cézanne se trouve à Aix à l'automne 1895 quand s'annonce à Paris la première rétrospective consacrée à son œuvre. Incroyable événement. C'est à Ambroise Vollard que l'on doit cette bonne action, entreprise sur les instances pressantes de Pissarro qui déplorait l'ostracisme frappant son vieil ami. Il est vrai que l'affaire du legs Caillebotte a fini par se régler, non sans quelques tirs d'embuscade de la part des peintres officiels menés par l'ineffable Gérôme. Mais enfin Cézanne va figurer au musée du Luxembourg avec deux toiles : *L'Estaque* et *Une cour de ferme à Auvers-sur-Oise*.

Vollard commence à faire son chemin. Il a loué un magasin rue Laffitte, là où se concentre le commerce de la peinture, et il cherche, il furète, il se démène à sa manière faussement lymphatique pour exposer et vendre. L'exposition Cézanne doit se tenir dans son magasin. On ne parle guère encore de « galeries ».

Cézanne et Vollard ne se sont jamais rencontrés. Le marchand a cherché en vain à le voir pour lui faire part de son projet. Plus de Cézanne à Paris. Il a fini par aller frapper à la porte de l'appartement de la rue des Lions-Saint-Paul, où il est tombé sur le fils du peintre, Paul junior, qui possède un sens pratique beaucoup plus affûté que celui de son père : Paul junior a aussitôt écrit à l'artiste pour lui demander son accord, qu'il a obtenu.

Cézanne n'honorera pas cet hommage de sa présence. A-t-il seulement conscience de sa portée ? À Aix, il retrouve un peu de ses enthousiasmes de jeunesse, semble-t-il. Le 8 novembre, il part en excursion à Bibémus, au pied de Sainte-Victoire, avec Emperaire et Solari. La vie de ces deux-là n'est guère flamboyante. Une œuvre incertaine, une existence quotidienne proche de l'indigence. Cézanne, quelquefois, leur offre un bon repas. Les voilà tous les trois nez au vent dans la lumière d'automne. Château-Noir, les carrières de Bibémus, un pique-nique à Saint-Marc. Ce diable de Cézanne est encore un redoutable marcheur, malgré son diabète. Emperaire suit comme il peut, trottinant et rauquant. Ils dînent au Tholonet, forcent un peu sur le vin. Au retour, Emperaire trébuche et se blesse.

Un autre jour, Cézanne entreprend d'escalader Sainte-Victoire avec Solari. La montée est rude, 1 000 mètres de dénivelé. Cézanne ne sent pas sa fatigue. Ils déjeunent au sommet, où l'on découvre toute la Provence jusqu'aux premières Alpes. En descendant, Cézanne essaie même d'escalader un pin, comme autrefois. Mais la jeunesse est loin...

Cependant, à Paris, l'exposition Cézanne ouvre ses portes chez Vollard : cent cinquante toiles et dessins, d'après le marchand, y sont présentés. Avec les moyens du bord : les toiles ne sont pas encadrées, et l'exiguïté de la boutique impose un roulement. Vollard agit néanmoins avec résolution : pour marquer l'événement, il expose en vitrine des *Baigneuses au repos*, propres à susciter des commentaires furibonds. Ce qui ne manque pas de se produire : la partie n'est pas gagnée d'avance.

Mais cette première exposition est un événement artistique dont les amis du peintre mesurent aussitôt l'importance. Pour la première fois on voit, rassemblée dans un lieu unique, cette trajectoire esthétique, cette évolution singulière. Pissarro, Degas, Monet, Julie Manet, la nièce du peintre, témoignent de ce choc : « Ils ne savent pas que Cézanne a subi d'abord l'influence de Delacroix, Courbet, Manet et même Legros, écrit Camille Pissarro, comme nous tous ; il a subi mon influence à Pontoise et moi la sienne. »

Tous les amis de Cézanne achètent des toiles. « Mon enthousiasme n'est que de la Saint-Jean à côté de celui de Renoir », écrit encore Pissarro à son fils. Monet achète, Degas achète, des toiles qu'ils auraient pu avoir pour rien, tant Cézanne est prodigue de son travail. Mais c'est un geste, une manière d'engagement, un témoignage d'estime et d'admiration. Il y a des hommes qui ont de la chance — et du flair. Vollard en fait partie. Tout le long travail souterrain qui a permis à l'œuvre de s'imposer, le soutien du père Tanguy, du docteur Gachet, l'amitié indéfectible des nobles âmes parmi ses confrères qui n'ont jamais ménagé leur foi en Cézanne malgré ses extravagances et son caractère difficile, c'est lui qui en reçoit aujourd'hui les dividendes. Maintenant, enfin, on voit. Ce qu'on pouvait prendre pour les bizarreries d'un fou compose un ensemble d'une impressionnante cohérence. On peut aimer ou non, force est de reconnaître qu'il y a là une œuvre, puissante, massive, un monde.

Tous ne veulent pas s'en convaincre, pourtant. Placidement installé dans sa boutique, Vollard doit essuyer des protestations, des quolibets. Des bourgeois en goguette, des peintres ratés ou à demi réussis poussent jusqu'à la rue Laffitte pour épancher leurs ricanements ou leur fiel. Vollard est l'homme parfait pour la situation : il n'a pas d'opinion, pas d'avis, pas même de compétence, il vend. Et, pour le reste, qu'on s'adresse aux critiques.

Ils ne manquent pas de s'exprimer. Geffroy, peu rancunier, écrit : « C'est un grand véridique, ardent et ingénu, âpre et nuancé. Il ira au Louvre, et il y a là plus d'une toile pour les musées de l'avenir. » Dans *La Revue blanche*, le 1er décembre 1895, Thadée Natanson dit son admiration et installe Cézanne à sa vraie place :

Outre la pureté de son art qui est sans aucune séduction de mauvais aloi, une autre qualité des précurseurs, si essentielle, atteste sa maîtrise : il ose être fruste et comme sauvage et ne se laisse entraîner jusqu'au bout, au mépris de tout le reste, que par le seul souci qui mène les initiateurs, de créer des signes neufs.

Mais il y a encore quelques grincheux. Comme ce Denoinville qui, comme aux plus beaux temps du Salon des Refusés et des expositions impressionnistes, déverse ses indignations dans le *Journal des artistes* : « On peut se fiche du monde, mais à ce point-là, non ! Le plus étourdissant, c'est qu'il se rencontre des critiques d'art connus, dont nous tairons les noms par respect humain, pour exalter de telles insanités. » Etc. On admirera la richesse conceptuelle de l'argumentation.

Et dans le clan Zola ? Évidemment, Émile ne s'est pas manifesté, même pas déplacé. Mais un de ses amis, Thiébault-Sisson, publie un article dans *Le Temps*, dans lequel il reprend à peu près exactement les jugements de Zola dans *L'Œuvre* : Cézanne est « impuissant à se juger, incapable de tirer d'une conception pourtant neuve tout le profit qu'en ont tiré de plus adroits, trop incomplet, en un mot, pour réaliser ce qu'il avait le premier entrevu et donner, dans des morceaux définitifs, toute sa mesure ». En somme, la routine.

Cependant, les tableaux se vendent. De riches collectionneurs, conseillés par des amateurs éclairés, se déplacent jusqu'à la boutique de Vollard et emportent des toiles. Les prix sont encore abordables, mais peuvent monter jusqu'à 700 francs. Vingt ans plus tard, elles vaudront trois cents fois plus cher…

Les bruits de cette exposition parviennent jusqu'à Aix, ville d'eaux, ville d'art, comme elle se nomme aujourd'hui. Il existe même une Société des amis des arts, fondée depuis peu, et qui organise une première exposition en ce mois de décembre 1895. Problème : peut-on ignorer Cézanne ? Il est fou, il fait une peinture horrible, des femmes nues qui ne ressemblent à rien, mais il est d'Aix. Solidarité concitoyenne oblige, on lui envoie deux membres de la Société pour lui proposer de figurer à l'exposition. Cézanne est enchanté. Il accepte de grand cœur, va jusqu'à offrir une toile à chacun de ces émissaires. L'un d'eux refuse, au prétexte que sa femme n'aime pas la peinture moderne.

Cézanne envoie deux toiles : un *Champ de blé* et une *Sainte-Victoire*. Consternation. Où accrocher ces croûtes ? À Aix, on soupçonne que le succès parisien de Cézanne n'a pour unique but que de se foutre des Aixois. On a beau avoir suspendu les toiles au-dessus de la porte d'entrée, afin qu'elles ne se voient pas trop, elles ne passent pas inaperçues. Si vraiment on aime ça à Paris, c'est que les Parisiens sont des fadas.

Au banquet de clôture de cette exposition aixoise, Cézanne pique une de ses colères homériques parce qu'un orateur a chanté les louanges de Cabanel et de Bouguereau, des jean-foutre selon lui. Son succès parisien ne lui apporte aucun réconfort : il n'y croit pas, il n'a rien vu. Ou alors, une fois de plus, on cherche à se moquer de lui...

Le dernier cercle

Il n'y a cependant pas que des imbéciles ou des malveillants dans la bonne ville d'Aix. Un jour du printemps 1896, Cézanne est attablé au Café Oriental, sur le Cours, en compagnie de Coste, de Solari, et d'un de ses anciens amis d'enfance, le boulanger Henri Gasquet. Les quatre hommes devisent en observant la foule qui va et vient sur le Cours, lente flânerie d'un dimanche soir après vêpres. Un jeune homme s'arrête, s'incline respectueusement devant Cézanne. C'est Joaquim, le fils d'Henri Gasquet. Ce jeune poète, ardent et brillant, marié à une jeune beauté élue reine du félibrige, sorte de miss Provence de l'époque, exprime au peintre son admiration : il a vu ses toiles à l'exposition des Amis des arts, il les a trouvées magnifiques. Cézanne, qui ne l'a pas reconnu, commence par le rabrouer vertement, croyant qu'un jeune insolent se fout encore de lui. Le père intervient. C'est le début d'une amitié.

Joachim Gasquet a raconté cette relation dans un livre charmant, précieux document sur les dernières années de la vie du peintre[1]. « Ces deux toiles m'avaient ouvert le monde des couleurs et des lignes, et depuis une semaine je m'en allais enivré d'un univers nouveau. » Dès cette première rencontre, Cézanne s'épanche auprès de son nouvel ami. Il lui promet de lui faire don de cette Sainte-Victoire qui lui a tapé dans l'œil. « Il était dans un état d'excitation incroyable. Il m'ouvrit son âme, me dit son désespoir, l'abandon où il se mourait, le martyre de sa peinture et de sa vie. » Pendant une semaine, le vieux peintre et le jeune poète se voient quotidiennement. La jeunesse de Gasquet semble lui redonner foi et vigueur. « Il ne parlait jamais de lui, mais, au seuil de la vie où j'entrais, il aurait voulu, me disait-il, me léguer son expérience. Il regrettait que je ne fusse pas peintre. Il était dans un état d'excitation incroyable. » Cézanne s'est trouvé un autre fils. Or, au bout de quelques jours, changement d'attitude : il s'enferme, refuse de voir Gasquet, prétend partir pour Paris alors qu'il reste à Aix. Croisant un jour le jeune poète en ville, il fait semblant de ne pas le reconnaître. Peu après, Gasquet reçoit une lettre étrange, qu'il a, dit-il, longtemps hésité à transcrire. En voici un extrait :

Si je ne me trompe, vous m'avez paru fortement fâché contre moi. Si vous pouviez me voir en dedans, l'homme du dedans, vous ne le seriez pas. Vous ne voyez donc pas à quel triste état je suis réduit. Pas maître de moi, l'homme qui n'existe pas, et c'est vous qui voulez être philosophe, qui voulez finir par m'achever ? Mais je maudis les Geffroy et les quelques drôles qui, pour faire un article de cinquante francs, ont attiré l'attention du public sur moi. Toute ma vie, j'ai travaillé pour arriver à gagner ma vie, mais je croyais qu'on pouvait faire de la peinture bien faite sans attirer l'attention sur son existence privée. Certes, un artiste désire s'élever intellectuellement le plus possible, mais l'homme doit rester obscur. Le plaisir doit résider dans l'étude. S'il m'avait été donné de réaliser, c'est moi qui serais resté dans mon coin avec les quelques camarades d'atelier avec qui nous allions boire chopine[2].

Aussitôt, Gasquet file au Jas de Bouffan. Cézanne lui ouvre les bras. « Je ne suis qu'une vieille bête, dit-il. Mettez-vous là, je vais faire votre portrait. » Ce portrait, on peut le voir aujourd'hui au musée de Prague. Gasquet y arbore, écrit Raymond Jean, un « air altier, noble, visage clair et ferme, œil ouvert, abondante chevelure, une belle construction d'"homme de lettres"[3]. »

Gasquet livre un précieux témoignage sur l'élaboration de *La Vieille au chapelet*, que Cézanne peint au Jas de Bouffan dans ces années 1895-1896. On peut voir dans ce portrait admirable comme un pendant pictural d'*Un cœur simple* de Flaubert. C'est bien un ton « à la Flaubert » que Cézanne a cherché dans ce portrait d'une vieille tourière, échappée du couvent à soixante-dix ans. Accablée par le poids des ans, les mains crispées sur son chapelet, le visage tendu, décharné, blafard ; absente, tout près de la mort. Comme lui ? Gasquet : « Un rayon pourtant, une ombre de pitié consolait d'une vague lumière son vide front blessé. Toute racornie et méchante, une bonté l'enveloppait. Son âme desséchée tremblait toute, réfugiée au geste de ses mains. Cézanne me dit son histoire. À soixante-dix ans, religieuse sans foi, elle avait, dans un sursaut d'agonie, enjambé sur une échelle le mur de son couvent. Décrépite, hallucinée, rôdant comme une pauvre bête, il l'avait recueillie, l'avait vaguement prise comme bonne, en souvenir de Diderot et par naturelle bonté, puis l'avait fait poser, et maintenant la vieille défroquée le volait comme dans un bois, lui revendant, pour essuyer ses pinceaux, ses serviettes et ses draps qu'elle lacérait en chiffons, en murmurant les litanies ; mais il continuait à la garder, fermant les yeux, par charité[4]. »

✳

Zola, de passage à Aix à l'automne 1896, n'a pas voulu rendre visite à ce « raté ». Au mois de mai précédent, pourtant, il a publié un article sur le Salon, où il évoquait, non sans une réticence qui ne l'honore guère, la figure de son ancien ami.

Trente années se sont passées, et je me suis un peu désintéressé de la peinture. J'avais grandi presque dans le même berceau avec mon ami, mon frère Paul Cézanne, dont on s'avise seulement aujourd'hui de reconnaître les parties géniales de ce grand peintre avorté.

Le génie du « peintre avorté » attire cependant de plus en plus d'artistes de la jeune garde, fascinés par la figure lointaine de celui qui est devenu un maître. Et dont la cote est en train de monter. Dans le courant de l'année 1896, probablement au printemps, Ambroise Vollard entreprend le voyage à Aix pour faire enfin connaissance avec le peintre, et aussi pour dénicher quelques toiles. Mme Cézanne et Paul junior ont précédé le marchand à Aix : la visite est importante, il faut veiller au grain.

Vollard a raconté avec beaucoup de chaleur[5] ce séjour à Aix, l'accueil de Cézanne, sa courtoisie extrême, et aussi ses brusques accès de colère dès qu'on prononçait devant lui le nom de Gustave Moreau, un « professeur », race honnie : « Les professeurs, ce sont tous des salauds, des châtrés, des jean-foutre ; ils n'ont rien dans le ventre ! » Vollard ne perd cependant pas son temps pendant ce voyage. L'atelier de Cézanne, au Jas de Bouffan, le laisse éberlué : un désordre indescriptible, des toiles crevées, dont il aurait volontiers fait son ordinaire. Une nature morte pend à une branche de cerisier. Quel gâchis ! Vollard prospecte. Ne lui a-t-on pas dit qu'à Aix il trouverait des toiles de Cézanne à tous les coins de rue ? Mais les Aixois sont méfiants. Venir de Paris jusqu'à Aix pour acheter des Cézanne ? C'est incompréhensible. Des peintres locaux, qui savent peindre, eux, qui aiment la belle ouvrage et le travail bien fait, proposent leurs toiles à Vollard. L'un d'eux a même peint par-dessus une toile de Cézanne, qu'il aime bien, afin que l'on ne se moque pas de lui. Vollard finit par trouver un intermédiaire qui lui procure quelques toiles de Cézanne mises au rebut chez un couple qui considère le marchand d'un air soupçonneux. Mais quand Vollard sort un billet de 1 000 francs pour tout un lot, des sourires éclairent les visages. Ce Parisien est fada, tant pis pour lui. Vollard reçoit même en prime un paysage qu'il a oublié, et qu'on lui lance par la fenêtre[6]. Ô temps de l'innocence…

*

L'été 1896, Cézanne avait séjourné à Talloires, au bord du lac d'Annecy, avec Hortense et Paul. On lui a un peu forcé la main, et il s'y ennuie autant qu'en Suisse. Mais pour se désennuyer, écrit-il à Solari, il fait de la peinture. Une peinture, plus précisément : cette unique vue du lac d'Annecy, qui est une totale réussite : souvenir du romantisme dans ce paysage apaisé, technique fluide dans la déclinaison des bleus et verts juxtaposés avec virtuosité, renforcée par des épaisseurs qui restituent la masse des montagnes : un sommet de son œuvre.

À la fin de l'été, il retourne à Paris après un bref passage à Aix et se met en quête d'un atelier, qu'il finit par trouver, « à une portée de fusil du Sacré-Cœur dont s'élancent dans le ciel les campaniles et les clochetons », comme il l'écrit poétiquement au poète Gasquet. Cette regrettable pâtisserie architecturale, commencée en 1875, est encore en construction. Cézanne relit Flaubert. Le maître d'Aix et le maître de Croisset sont bien de la même race.

La nouvelle génération prend auprès de lui le relais des vieux amis. Après Joachim Gasquet, fils d'Henri, c'est Émile Solari, fils de Philippe, qui lui témoigne de la sollicitude et lui rend visite à Paris. Ces jeunes gens se démènent avec dévouement pour faire davantage connaître son œuvre. Joachim Gasquet joue les bons offices pour faire « agréer » deux toiles du peintre auprès de M. Dumesnil, professeur de philosophie à la faculté d'Aix. Un professeur, oui, ils sont partout. Mais s'il faut en passer par eux… « Je suis peut-être venu trop tôt, dira Cézanne à Gasquet. J'étais le peintre de votre génération plus que de la mienne. »

Sa cote monte un peu, avec de sensibles variations. En novembre, l'ami Renoir achète deux toiles à Vollard, *Roches rouges, collines lilas* et *Idylle*, œuvre de jeunesse, au prix de 2 000 francs chacune. Mais en janvier, quatre tableaux sont vendus par le même Vollard pour des sommes allant de 400 à 700 francs.

En février 1897, quand s'ouvre l'annexe du musée du Luxembourg où on expose le legs Caillebotte, les œuvres des impressionnistes, selon une habitude qui devient un rituel, déchaînent la fureur des visiteurs et de certains peintres. L'un d'eux, courageusement anonyme, évoque « ce ramassis d'ordures dont l'exposition dans un musée national déshonore publiquement l'art français ». Malgré une interpellation au Sénat au nom des valeurs sacrées de la Patrie et de l'Art, il semble bien que ce combat d'arrière-garde commence toutefois à s'essouffler.

*

Cézanne est fatigué. Pendant l'hiver 1897, une mauvaise grippe l'a cloué au lit pendant près d'un mois. Il a déménagé, aidé par son fils, du quartier de Montmartre à la rue Saint-Lazare. Mais la vie de Paris lui devient une épreuve de plus en plus pénible. Il ne supporte plus le bruit ni la foule. En mai, il part pour Mennecy, dans l'Essonne, et dès la fin du mois il s'en va chercher refuge dans sa thébaïde aixoise.

Étrange été, lourd de funestes ruminations. Il est pourtant entouré d'affection par Joaquim Gasquet et sa jeune reine de beauté d'épouse, Marie. Le couple l'invite souvent à se joindre à eux, avec le cercle de jeunes écrivains qu'ils fréquentent, Jean Royère, Edmond Jaloux ou José d'Arbaud. Ces jeunes gens ardents communient dans l'amour de la terre provençale, non sans quelques prurits nationalistes d'assez douteux aloi, dont ils ne mesurent peut-être pas toute la portée. L'époque est à l'affirmation identitaire, à la célébration des valeurs immémoriales, à l'antique, aux roucoulades agrestes du félibrige. Cézanne lui-même, si on l'en prie, y va volontiers d'un « Vive la Provence ! », amour qu'on ne saurait lui contester, d'une terre, d'un paysage qui a façonné son génie. Mais il n'est pas très au fait des enjeux politiques qui peuvent agiter la jeune garde. Il est de plus en plus, par un besoin profond de paix spirituelle, traditionaliste et bon catholique.

Il ne se rend pas toujours pour autant aux chaleureuses invitations des Gasquet, à ces soirées où l'on fait de la musique, où Marie lui joue au piano du Weber, son musicien préféré, où il s'endort quelquefois, épuisé. Le diabète le ronge. « Par suite de grandes fatigues, une lassitude telle s'est emparée de moi que je ne puis me rendre à votre bonne invitation. Je comprends que je suis à bout de forces et je viens vous prier de m'excuser[7]... »

Cet été 1897, il a loué un cabanon au Tholonet, au pied de Sainte-Victoire. Il travaille, seul, loin d'Aix où il n'est guère en odeur de sainteté, où on l'insulte, où il doit presque raser les murs. Certains parlent de le fusiller. Peut-être paie-t-il encore la réussite insolente de son père, que beaucoup ont gardée en travers de la gorge. Des gamins lui jettent des pierres en lui suggérant d'aller peindre des cages, sans doute pour l'y enfermer... « Cézanne est très déprimé, écrit Coste à Zola, et en proie souvent à de sombres pensées. (...) Il a loué un cabanon aux carrières du barrage et y passe la plus grande partie de son temps. »

Les carrières de Bibémus lui inspirent quelques-unes de ses plus belles toiles. Sous-bois, pins, roches. Il rêve de baigneuses, encore. Quelquefois, Gasquet lui rend visite sur le motif avec l'un ou l'autre de ses amis. Ils le trouvent un jour devant une toile lacérée : « J'allais m'exprimer, cette fois... Ça y était, ça y était... Mais ça ne doit pas arriver. » Il pleure. Il déchiquette sa toile. « Foutez le camp ! » hurle-t-il[8].

Sa mère meurt le 25 octobre, à l'âge de quatre-vingt-trois ans. Il a aimé plus que de raison cette femme douce et tendre, qui l'a toujours soutenu et encouragé. Avec elle, c'est toute une part de sa vie qui disparaît, la vie même peut-être. Il voudrait la dessiner sur son lit de mort, mais il ne s'en sent pas digne. Il n'est qu'un raté.

La montée du soir

« On lui a monté un bateau », dit Cézanne.

Qui est ce naïf ? Zola. Émile, qui n'en fait pas d'autres, vient de publier dans *L'Aurore*, ce 13 janvier 1898, son fameux *J'accuse*, où il prend la défense du capitaine Dreyfus. L'affaire secoue la France. Des familles se déchirent. « Ils en ont parlé », dit la légende d'un dessin de Caran d'Ache montrant un pugilat familial. Zola, à qui on a présenté le dossier prouvant l'évidente innocence du capitaine Dreyfus, le complot dont il est la victime, et accessoirement le déshonneur de l'armée, a endossé l'habit du Voltaire de l'affaire Calas pour défendre le condamné. Cet acte de courage lui coûtera cher : condamnation dès le mois de février, probable assassinat quatre ans plus tard.

« On lui a monté un bateau. » Cézanne ne croit pas à l'innocence du capitaine Dreyfus. Par principe, mais surtout par indifférence. La « politique » n'est pas son affaire. Il peint.

Le 8 janvier, Achille Emperaire est mort. Il n'attendait plus rien de cette vie qu'il avait vouée à la beauté, sans jamais rien recevoir en retour. Cette perte bouleverse Cézanne. De temps en temps il vient s'asseoir dans un café du passage Agard, où sont accrochées quelques toiles de son malheureux ami.

Il approche de la soixantaine. Il sait qu'il n'a plus beaucoup de temps. Il ne dispose pas de la bonne santé hargneuse dont jouissait son père. De retour à Paris au début de l'année 1898, il s'installe dans un atelier villa des Arts, au 15, rue Hégésippe-Moreau. C'est là qu'il entreprend le portait d'Ambroise Vollard, avec qui il entretient les relations les plus cordiales. Vollard, prévenu, se tient coi et évite tout propos qui pourrait froisser l'ombrageuse susceptibilité du peintre : ne jamais parler de ses confrères, ni de littérature. La toile est une construction géométrique, lignes verticales et horizontales d'un brun sombre qu'éclaire seul le blanc de la chemise, sous un visage pensif. Cézanne se dit content de ce blanc de chemise.

Ce séjour à Paris devrait lui permettre de mesurer à quel point sa notoriété augmente de jour en jour. En mai et juin, Vollard expose soixante de ses tableaux dans sa boutique de la rue Laffitte. Signac publie, dans *De Delacroix au néo-impressionnisme*, des lignes flatteuses sur son travail : « Devant un tronc d'arbre, Cézanne découvre les éléments de beauté qui échappent à tant d'autres. Toutes ces lignes qui s'entrelacent, se caressent, s'enveloppent, tous ces éléments colorés qui se recouvrent, se dégradent ou s'opposent, il s'en empare et les dispose. » En janvier 1899, lors d'une vente organisée au profit des enfants de Sisley, qui vient de mourir dans la misère, une toile de Cézanne est adjugée au prix de 2 300 francs, et une autre atteint l'enchère record de 6 750 francs. Le public gronde. Un homme se lève, massif, puissant, défiant la foule : « C'est moi l'acheteur, dit-il. Je suis Claude Monet. »

Au début du mois de juillet 1899, on vend la collection de la veuve de Victor Chocquet. Les toiles de Cézanne, nombreuses, réalisent de très belles enchères. *Mardi-Gras* est adjugé au collectionneur et marchand Durand-Ruel (qui achète à cette vente dix-sept toiles du peintre), pour la somme de 4 000 francs. Les efforts infatigables de Vollard, habile à défendre « son » peintre, finissent par porter leurs fruits : les prix montent. Ils vont bientôt s'envoler.

Pourtant, la mélancolie de Paul ne se dissipe pas. « Trop tard, pense-t-il, tout arrive trop tard. » D'ailleurs, ces succès ne lui semblent que miettes. Il n'a aucune reconnaissance officielle, aucun Salon, aucune récompense institutionnelle, aucune Légion d'honneur. Vient un âge où ces hochets rassurent. À Aix même, le directeur de l'école de dessin où Cézanne fit ses laborieux débuts jure ses grands dieux que pas une œuvre de l'Aixois n'entrera au musée. Grâce à cette mâle décision, alors qu'il eût été facile à ce moment-là de constituer une fabuleuse collection, aucune toile de Cézanne ne figure au musée Granet, hormis quelques modestes prêts des musées parisiens...

En même temps que se multiplient les interminables séances de pose (plus d'une centaine) pour le portrait d'Ambroise Vollard, qui se montre d'une patience angélique, Cézanne revient à de vieilles amours en travaillant à des *Baigneuses*. Il songe même, dit-il à Vollard, à s'attacher les services d'un modèle. Il choisit, dit-il, « une vieille carne », pour prévenir toute imputation salace. Mais il abandonne vite le projet et renvoie le modèle : il n'est pas encore prêt. Est-il trop tôt pour cette apothéose ? *Les Grandes Baigneuses*, peintes à Aix à la toute fin de sa vie, seront son chant du cygne.

Ses succès ne calment pas son angoisse, ni son irascibilité. L'été 1898, séjournant à Montgeroult, dans le Val-d'Oise, il a fait la connaissance d'un jeune peintre, Louis Le Bail, avec qui il se lie d'amitié. Ils peignent ensemble, comme il le faisait autrefois avec Pissarro ou Renoir. Mais les affections de Cézanne restent à géométrie variable. Un jour que Le Bail le réveille trop brutalement de sa sieste, il lui envoie une lettre cinglante. Il ne guérira jamais de ses sautes d'humeur.

*

À Aix, le pire est arrivé : on a vendu le Jas de Bouffan. La mauvaise action a eu lieu le 18 septembre 1899, devant notaire. Cézanne est effondré. C'est Maxime Conil qui a manœuvré pour faire cesser l'indivision de la succession de Mme Cézanne mère. Le domaine a été liquidé, avec tout ce qu'il contenait. Des souvenirs du père ont été brûlés — tel le fauteuil où il faisait sa sieste. Le passé est mort.

Où aller ? Il s'installe au deuxième étage de la maison qu'il possède au 23 de la rue Boulegon, et fait aménager le grenier en atelier. Il aurait aimé acheter le Château-Noir, cette bâtisse de la route du Tholonet où il loue une chambre, mais sa proposition a été rejetée. Il semble que pendant les travaux d'aménagement de la rue Boulegon, il ait souvent trouvé refuge chez les Gasquet.

Rue Boulegon, il vit seul avec sa gouvernante, Mme Brémond, une femme d'une quarantaine d'années discrète et efficace. Elle lui a été recommandée par sa sœur Marie, ce qui est un gage de bonne moralité. Elle le servira jusqu'à ses derniers instants.

Chaque jour, quand le temps le permet, une calèche le conduit à Château-Noir. Toutes ses forces créatrices se concentrent sur ce périmètre sacré : la maison ocre, les bois d'un vert profond, la montagne. L'homme vieillissant, fatigué, retrouve dans ces lieux qu'il a toujours connus comme le jaillissement de la jeunesse, avec le bonheur intime de la prodigieuse maîtrise désormais acquise. La dernière série des Sainte-Victoire se prépare.

Plus que toutes les autres œuvres peintes dans les dernières années de sa vie, si l'on excepte *Les Grandes Baigneuses*, ces représentations de la montagne vont devenir l'emblème de la modernité picturale, le symbole d'une liberté conquise, à la fois sur la forme et sur la nature.

La plupart seront peintes depuis son nouveau refuge, le dernier, l'atelier des Lauves. Le vieux peintre se sent à l'étroit rue Boulegon. En novembre 1901, il a acheté pour 2 000 francs une petite propriété sur les hauteurs d'Aix-en-Provence. Il a décidé de raser la masure qui s'y trouve et de se faire construire un atelier. Sur ce terrain planté d'amandiers et d'oliviers, un architecte réalise la commande du peintre : un pavillon à un étage, comprenant deux petites pièces et un atelier au premier, éclairé par une grande verrière et deux fenêtres. La vue est splendide. La ville d'Aix, serrée autour de ses clochers, les collines au sud, le Pilon du Roi, et droit devant, plus ou moins proche selon la qualité de la lumière ou la couleur du ciel, la masse de Sainte-Victoire. L'atelier ne sera achevé qu'en septembre 1902. C'est donc de là, principalement, qu'il peindra, les quatre dernières années de sa vie, l'ultime série des Sainte-Victoire.

Regardez cette Sainte-Victoire, aurait dit le peintre à Joachim Gasquet. Quel élan, quelle soif impérieuse du soleil, et quelle mélancolie, le soir, quand toute cette pesanteur retombe ! (...) Ces blocs étaient du feu. Il y a du feu encore en eux. (...) Pour bien peindre un paysage, je dois découvrir d'abord les assises géologiques. Songez que l'histoire du monde date du jour où deux atomes se sont rencontrés, où deux tourbillons, deux danses chimiques se sont combinées. Ces grands arcs-en-ciel, ces prismes cosmiques, cette aube de nous-mêmes au-dessus du néant, je les vois monter, je m'en sature en lisant Lucrèce. (...) Il faut la nuit pour que je puisse détacher mes yeux de la terre, de ce coin de terre où je me suis fondu. Un beau matin, le lendemain, lentement les bases géologiques m'apparaissent, des couches s'établissent, les grands plans de ma toile, j'en dessine mentalement le squelette pierreux[1].

On ne garantit pas l'absolue authenticité de ces propos, le style de Gasquet inclinant souvent à la grandiloquence et au lyrisme fleuri. Mais il est évident que devant cette forme, Cézanne est saisi d'exaltation. « Je travaille opiniâtrement, j'entrevois la terre promise, écrira-t-il à Vollard le 9 janvier 1903. Serai-je comme le grand chef des Hébreux ou bien pourrai-je y pénétrer ? (…) J'ai réalisé quelques progrès. Pourquoi si tard et si péniblement ? L'Art serait-il, en effet, un sacerdoce, qui demande des purs qui lui appartiennent tout entiers[2] ? »

Comment expliquer l'extraordinaire puissance de cette ultime série, et la fascination qu'elle exerce depuis un siècle sur le monde de l'art aussi bien que sur un vaste public ? Elle réalise la double postulation de tout artiste digne de ce nom : maîtrise technique dans la recherche de formes nouvelles, et quête spirituelle. En Sainte-Victoire Cézanne a trouvé le motif absolu : une forme qui s'autonomise jusqu'à annoncer le cubisme et l'abstraction, une aspiration passionnée vers le ciel qui célèbre la grandeur de la création et du Créateur. Une vie entière pour entrevoir cette terre promise…

Il ne peut tout à fait ignorer les hommages qui se multiplient. La terre promise, quoi qu'on en dise, c'est aussi la reconnaissance pour tout le labeur accompli. Désormais ses toiles se vendent. Au printemps 1902, trois de ses tableaux sont présentés au Salon des artistes indépendants. Des marchands se déplacent maintenant pour lui rendre visite à Aix, cherchant à l'arracher aux relations exclusives qu'il entretient avec Ambroise Vollard. Deux d'entre eux, Josse et Gaston Bernheim-Jeune, lui font une cour assidue à laquelle Cézanne, dont l'ingratitude n'est pas le fort, résiste. Il regrette même, dit-il, que son fils ait pu laisser croire qu'il pouvait porter ses toiles chez un autre. Cet engouement finit par en agacer certains, comme Gauguin : « Vollard s'emballe pour Cézanne, écrit-il à l'un de ses amis : il a raison. Mais c'est toujours la même chose maintenant que les tableaux sont chers, maintenant qu'il est de bon goût de comprendre Cézanne, maintenant que Cézanne est millionnaire ! »

Un jeune artiste, Maurice Denis, a réalisé un tableau d'hommage au peintre d'Aix, regroupant autour du vieux maître toute la nouvelle peinture qui se reconnaît en lui : Odilon Redon, Bonnard, Vuillard, Sérusier, Roussel, Ambroise Vollard. La toile est exposée au Salon de la Société nationale des Beaux-Arts. Elle est achetée par un jeune écrivain prometteur, moderne, malin, qui vient d'écrire *Paludes*, un petit chef-d'œuvre de drôlerie contre les illusions mortifères de l'art pour l'art : André Gide.

À Aix même, Cézanne engage le dialogue avec de nouveaux visages. Gasquet lui présente l'un de ses amis, un jeune poète cévenol nommé Léo Larguier, qui fait son service militaire à la caserne de la ville. Un aspirant peintre marseillais, Charles Camoin, également soldat à Aix, se présente à lui pour solliciter ses avis. Un jour, dans une lettre, Cézanne lui conseillera de se colleter franchement avec la nature : « On parle plus, en effet, de peinture et peut-être mieux en étant sur le motif qu'en devisant de théories purement spéculatives — et dans lesquelles on s'égare assez souvent. » Étudier

« sur nature », voilà le secret de l'art. Et travailler.
Il reçoit ces jeunes admirateurs sans façon, leur
offre à déjeuner dans son appartement de la rue
Boulegon, les régale de considérations sur la peinture et sur ses confrères. Il est imprévisible. Un
jour Monet est une « crapule », un autre c'est « le
plus bel œil de peintre qui ait jamais existé ».

Voilà Cézanne intronisé dans le rôle de grande
conscience auprès de ces jeunes admirateurs qui
l'entourent de leur affection. Larguier, un jour de
manœuvres militaires sur la route du Tholonet,
ira même jusqu'à ordonner à son bataillon de présenter les armes à l'artiste, qui s'en émeut jusqu'aux
larmes. Que cherchent ces jeunes gens ? Quelques
conseils, des certitudes, percer un peu du secret
que Cézanne a mis une vie à entrevoir… En 1904,
c'est un autre peintre, Émile Bernard, récemment
débarqué en Provence avec femme et enfants
après un long périple égyptien, qui entre dans son
cercle. Précieuses lettres que celles qu'il enverra à
cet artiste quelque peu possédé par le démon de la
théorie et qui, à son goût, fait un peu trop le rai-
sonneur ; mais, à la fin d'une vie de recherches
« sur le motif », il trouve en Bernard l'interlocu-
teur qu'il lui faut peut-être pour esquisser une manière de bilan. Un « montage » de quelques-uns
de ces propos, tout de simplicité et de bonhomie,
nous livre ce testament esthétique :

Je procède très lentement, la nature s'offrant à moi très complexe ; et les progrès à faire sont incessants. Il faut bien voir son
modèle et sentir très juste ; et encore s'exprimer avec distinc-

tion et force. Le goût est le meilleur juge. Il est rare. L'art ne s'adresse qu'à un nombre excessivement restreint d'individus.

L'artiste doit dédaigner l'opinion qui ne repose pas sur l'observation intelligente du caractère. Il doit redouter l'esprit littérateur, qui fait si souvent le peintre s'écarter de sa vraie voie — l'étude concrète de la nature — pour se perdre trop longtemps dans des spéculations intangibles.

Le Louvre est un bon livre à consulter, mais ce ne doit être encore qu'un intermédiaire. L'étude réelle et prodigieuse à entreprendre, c'est la diversité du tableau de la nature.

Les causeries sur l'art sont presque inutiles. Le travail qui fait réaliser un progrès dans son propre métier est du dédommagement suffisant de ne pas être compris des imbéciles.

Pour les progrès à réaliser, il n'y a que la nature, et l'œil s'éduque à son contact. Il devient concentrique à force de regarder et de travailler. Je veux dire que, dans une orange, une pomme, une boule, une tête, il y a un point culminant ; et ce point est toujours — malgré le terrible effet : lumière et ombre, sensations colorantes — le plus rapproché de notre œil ; les bords des objets fuient vers un centre placé à notre horizon. Avec un petit tempérament on peut être très peintre. (...) Ne soyez pas critique d'art, faites de la peinture. C'est là le salut[3].

*

Le 29 septembre 1902, Émile Zola meurt chez lui, à Paris, asphyxié par son poêle. La tuyauterie du chauffage a-t-elle été bouchée ? Il plane sur cette mort de forts soupçons d'assassinat maquillé en accident. Les haines contre Zola, chef de file des dreyfusards, étaient encore vives. Zola a payé cher son *J'accuse*. Condamné en cour d'assises à un an d'emprisonnement, il a dû fuir, s'exiler des mois en Angleterre pour échapper au cachot, avant que l'innocence du capitaine Dreyfus ne soit établie.

L'affaire Zola, bien entendu, ne sera jamais élucidée. Terrible fin de vie pour un homme que Cézanne n'a cessé d'aimer malgré leur brouille et les incompréhensions qui les ont séparés. En apprenant cette mort, Cézanne se met à sangloter. Claquemuré dans son atelier, il pleure tout le jour : la jeunesse, l'amitié perdue, la vie qui s'en va.

*

Ses jeunes amis Camoin et Larguier partis d'Aix, Cézanne replonge dans la solitude. Il ne voit plus les Gasquet. Ce couple brillant, qui se veut « lancé », a fini par l'agacer. Trop de bruit chez eux, trop de mots. Et puis, Gasquet a beau jouer les poètes inspirés et les grandes âmes, il manifestait un intérêt un peu trop pressant pour les œuvres de Cézanne et se serait bien vu, moyennent quelques toiles généreusement offertes, dans le rôle du poète officiel chantant les louanges du grand homme. Le grappin... Toujours est-il que Cézanne, qui peut être si souvent prodigue de son travail, qui a tant offert de toiles à des gens qui n'y attachaient aucune importance à l'époque où elles ne valaient rien, a mis un peu de distance entre lui et ce vibrionnant personnage.

*

À Paris, cependant, la mort de Zola donne à la sottise et à l'ignominie quelques occasions de s'épancher. Au mois de mars 1903 a lieu la vente aux enchères de la succession de l'écrivain à l'Hôtel Drouot. À cette occasion, neuf toiles de Cézanne sont mises en vente par Mme Zola qui souhaite s'en débarrasser, ne les aimant guère.

C'est le moment que choisit Henri Rochefort pour publier dans *L'Intransigeant* un article proprement délirant dans lequel, tout à son obsession de régler des comptes posthumes avec Zola, il embarque Cézanne dans la même galère, traitant à l'identique les opinions politiques et artistiques des deux anciens amis. Exemple représentatif du « style » haineux de l'extrême droite antidreyfusarde :

Si M. Cézanne était en nourrice quand il a commis ces peinturlurages, nous n'avons rien à dire ; mais que penser du chef d'école que prétendait être le châtelain de Médan et qui poussait à la propagation de pareilles insanités picturales ? Et il écrivait des « Salons » où il se donnait les gants de régenter l'art français !

(...)

Nous avons souvent affirmé qu'il y avait des dreyfusards longtemps avant l'affaire Dreyfus. Tous les cerveaux malades, les âmes à l'envers, les louchons et les estropiés étaient mûrs pour la venue du Messie de la Trahison. Quand on voit la nature comme l'interprétaient Zola et ses peintres ordinaires, il est tout simple que le patriotisme et l'honneur vous apparaissent sous la forme d'un officier livrant à l'ennemi les plans de la défense du pays.

L'amour de la laideur physique et morale est une passion comme une autre.

À Aix, on se sent vengé par cet article. *L'Intransigeant* est distribué nuitamment sous les portes de ceux qui manifestent de la sympathie pour Cézanne. Ce serait comique si ce n'était aussi crapuleux. On lui fait maintenant payer son ancienne amitié pour Zola, lequel n'a jamais rien compris à sa peinture, on les met dans le même sac. On en fait même un dreyfusard, lui qui… Enfin, bon, c'est de l'histoire ancienne. Paul fils écrit à son père pour l'informer innocemment qu'il lui a mis l'article de Rochefort de côté. « Inutile de me l'envoyer, répond Cézanne avec un laconisme ironique. Chaque jour j'en trouve un sous ma porte, sans compter les numéros de *L'Intransigeant* qu'on m'adresse par la poste[4]. »

*

Il travaille dans son atelier des Lauves. Son existence est calme et simple. Ses amis meurent, Valabrègue, Marion, Paul Alexis. Les premières heures du jour sont celles où il peut le mieux vivre et travailler. Ensuite, la fatigue. Le diabète lui cause des altérations de la vision et du système nerveux. Doit-on expliquer les formes étranges de ses dernières Sainte-Victoire par ses troubles oculaires, comme pour Turner les explosions de jaune de la fin ? Lui-même nous le suggère, comme si la maladie se mettait à justifier les imputations anciennes, qui l'accusaient de ne pas y voir clair :

Or, vieux, soixante-dix ans environ, les sensations colorantes qui donnent la lumière sont chez moi cause d'abstractions qui ne me permettent pas de couvrir ma toile, ni de poursuivre la délimitation des objets quand les points de contact sont ténus, délicats ; d'où il ressort que mon image, ou tableau, est incomplète.

Toute sa vie, il a eu l'impression et l'angoisse de ne rien finir. Il a toujours abandonné ses toiles à contrecœur, hanté par le spectre de l'inachevé. La nature a horreur du vide : lui aussi. Dans son atelier des Lauves, il livre sa dernière bataille : *Les Grandes Baigneuses*. Il peint aussi des crânes, aux orbites vides comme le néant, l'approche de la mort lui fait retrouver le thème ancien des Vanités, réactivé par la lecture de Baudelaire dont il se récite les vers les plus sombres. Il entreprend de peindre le jardinier Vallier, attaché à son service, un brave homme dévoué qui le frotte et le bouchonne quand il ne se sent pas bien. Philippe Sollers : « Je reste devant ce *Vallier*. Il est aussi inépuisable que le bref nuage vert au-dessus du sommet de la Sainte-Victoire bleue, planante et dégagée par la vive fugue de la vallée libérée où subsistent les blancs de la toile. Aussi inépuisable que les *Grandes Baigneuses*. Il peut rassembler en lui tous les autres portraits de Cézanne, ses aventures dans le grand dehors intérieur, ses natures vivantes, l'hymne de sa vie[5]. »

Les Grandes Baigneuses. Le thème revient, triomphant, obsessionnel. Souvenirs des bords de l'Arc et des rêves juvéniles d'apparitions de femmes nues, le cercle se referme. Émile Bernard, qui partage un temps son atelier, observe le vieil homme : il descend dans le jardin, s'assoit, médite, tourne autour du pavillon, remonte travailler. Ces compositions complexes lui posent d'incessants problèmes d'équilibre : il fait, il défait. Orgie de chairs, traitées platoniquement. Jusqu'à quatorze femmes dans *Les Grandes Baigneuses* de Philadelphie. Sa *Neuvième Symphonie*. « Je fais tous les jours des progrès ; l'essentiel est là. » Il livre à Bernard ses dernières réflexions : « Au fur et à mesure que l'on peint, on dessine. Plus la couleur s'harmonise, plus le dessin se précise. Les contrastes et les rapports de tons, voilà le secret du dessin et du modelé[6]. » Eh oui, mon petit Bernard, retenez la leçon, semble-t-il dire : on doit fuir la doctrine, mais il faut tout de même des théories.

Il a encore des réactions étranges. Un jour que Bernard le voit trébucher et se précipite pour le relever, il se dégage violemment, l'insulte, le chasse. Contact physique, grappin. Le soir même, comme si de rien n'était, il s'en va frapper à la porte de Bernard, aimable, tendre, et faisant des risettes aux enfants. Racontant la scène des années plus tard, Bernard en est encore abasourdi.

En 1904, à la deuxième exposition du Salon d'automne, une salle entière est consacrée à Cézanne. Une trentaine d'œuvres sont exposées. Les hommages se multiplient : Émile Bernard, Vauxcelles, Roger Marx écrivent d'importants articles. Ses tableaux atteignent maintenant des cotes considérables. Monet constate « l'emballement général pour les Cézanne » et conseille même à Julie Manet de ne les vendre qu'avec circonspection. En janvier 1905, dix de ses tableaux sont présentés à Londres, à une exposition organisée par Durand-Ruel. Vollard réalise de nombreuses transactions de ses toiles, pour des sommes toujours plus importantes. En voilà un qui a eu le nez creux…

Malgré ces succès, Cézanne est insatisfait. La belle lettre qu'il envoie au critique Roger Marx en remerciement d'une série d'articles parus dans *La Gazette des Beaux-Arts* laisse transparaître une poignante amertume :

> Mon âge et ma santé ne me permettront jamais de réaliser le rêve d'art que j'ai poursuivi toute ma vie. Mais je serai toujours reconnaissant au public d'amateurs intelligents qui ont eu — à travers mes hésitations — l'intuition de ce que j'ai voulu tenter pour rénover mon art. Dans ma pensée on ne se substitue pas au passé, on y ajoute seulement un nouveau chaînon. Avec un tempérament de peintre et un idéal d'art, c'est-à-dire une conception de la nature, il eût fallu des moyens d'expression suffisants pour être intelligible au public moyen et occuper un rang convenable dans l'histoire de l'art[7].

Mais que peut faire le « public moyen », sinon, d'emblée, le choix moyen d'artistes moyens ?

L'été 1905, Cézanne se rend à Paris. Les visites qu'il reçoit, les témoignages d'admiration dont on l'assaille le fatiguent. Trop tard, trop vieux. Il prend ses quartiers à Fontainebleau, puis il rentre à Aix avant l'ouverture du nouveau Salon d'automne où doivent être présentées dix de ses toiles. Il ne voyagera plus.

Le 27 mai 1906, un buste de Zola réalisé par Philippe Solari est inauguré à Aix, à la bibliothèque Méjanes. Cézanne est présent, blanchi, bouleversé, perdu. Tout le temps que dure la cérémonie, on l'entend sangloter.

L'été arrive, le dernier, torride, accablant. Il se lève à l'aube et travaille, mais dès huit heures, dit-il, « la chaleur devient stupéfiante et exerce une telle dépression cérébrale que je ne pense même plus en peinture ». Hortense et Paul sont à Paris. En plein cœur de l'été il contracte une bronchite. Il est épuisé. Il renonce à l'homéopathie, malgré le souvenir du bon docteur Gachet, pour se faire soigner par un médecin plus « classique ».

*

« Un tas d'enculés, de crétins et de drôles[8]. » Ainsi parle-t-il, dans une de ses dernières lettres à son fils, des « intellectuels » de son pays, ses compatriotes d'Aix-en-Provence. Il est vrai qu'il a l'excommunication facile, et qu'on lui en a fait plus que ce qui se peut supporter.

Il continue à fréquenter assidûment les offices religieux, mais, dit-il, « les sensations douloureuses m'exaspèrent au point que je ne puis les surmonter, et qu'elles me font vivre en retrait, c'est ce qu'il y a de mieux pour moi. À St Sauveur, à l'ancien maître de chapelle Poncet a succédé un certain abbé, qui tient les orgues et qui joue faux. De façon que je ne puis plus aller entendre la messe, sa façon de faire de la musique me faisant absolument mal ». D'ailleurs, concernant la religion, il est saisi de quelques éclairs de lucidité. Lettre à son fils, 12 août 1906 : « Je crois que pour être catholique il faut être privé de tout sentiment de justice, mais avoir l'œil ouvert sur les intérêts. »

En août et septembre, malgré la chaleur, malgré l'épuisement, il travaille chaque jour au pont des Trois-Sautets, au bord de l'Arc. Il observe les reflets de l'eau, les animaux qui viennent s'abreuver. Il cherche, encore, à percer le secret de la nature.

*

« Je veux mourir en peignant », disait-il à Joachim Gasquet. Le 15 octobre 1906, un orage éclate tandis qu'il peint sur le motif, route du Tholonet. Il reste plusieurs heures sous la pluie, transi, grelottant. Il range enfin son matériel, s'en va, essaie de rentrer chez lui. Un malaise le prend, il s'effondre au milieu du chemin, évanoui. Le conducteur d'une voiture de blanchisserie le découvre et le ramène rue Boulegon. Mme Bremond, sa gouvernante, alerte aussitôt un médecin, qui prescrit un repos complet. Mais Cézanne n'en fait qu'à sa tête : il n'est pas malade, ce n'est rien. Dès le lendemain, il tient à se rendre à son atelier des Lauves pour travailler. En fin de matinée, un nouveau malaise le saisit. Il se traîne jusqu'à la rue Boulegon et se met au lit.

Il ne se relèvera pas. Le médecin diagnostique une congestion pulmonaire. Cézanne se débat. Encore tant à faire. Il délire, hurle contre ses ennemis, appelle son fils. La vie le quitte.

Le 20 octobre, sa sœur Marie envoie une lettre à Paul. Elle presse son neveu de venir à Aix « le plus tôt possible ». Mais elle suggère, en termes assez fermes, qu'Hortense reste à Paris encore un mois, le peintre ayant aménagé son atelier dans le cabinet de toilette de sa femme. Il est clair qu'elle veut tenir Hortense éloignée. Incroyable mesquinerie, au moment où Paul agonise.

Le 22, Mme Bremond envoie un télégramme à Paul Cézanne fils : « VENEZ DE SUITE TOUS DEUX PÈRE BIEN MAL. »

Hortense reçoit le télégramme, mais n'en parle pas immédiatement à son fils : elle a rendez-vous avec des couturiers pour des essayages, cela ne se manque pas.

Dans sa chambre de la rue Boulegon, Paul Cézanne garde les yeux obstinément fixés sur la porte. Il attend de voir apparaître son fils. Il meurt le 23 octobre, sans l'avoir revu.

Un jour qu'on lui demandait de se reconnaître dans une pensée, il avait tracé ces deux vers de Vigny :

> Seigneur, vous m'avez fait puissant et solitaire,
> Laissez-moi m'endormir du sommeil de la terre.

ANNEXES

1839.   *19 janvier* : naissance de Paul Cézanne à Aix-en-Provence, rue de l'Opéra. Il est baptisé le 20 février.

1841.   *4 juillet* : naissance de sa sœur Marie.

1844.   *29 janvier* : mariage de ses parents, Louis-Auguste Cézanne et Anne-Élisabeth-Honorine Aubert, à l'Hôtel de Ville d'Aix-en-Provence.

1848.   *1er juin* : ouverture de la banque Cézanne et Cabassol.

1850-1852. Cézanne fréquente l'école catholique Saint-Joseph à Aix.

1852.   Cézanne entre en sixième au collège Bourbon. Il se lie d'amitié avec Émile Zola, d'un an son cadet.

1854.   *1er juin* : naissance de sa sœur Rose.

1857.   Cézanne est inscrit à l'école gratuite de dessin d'Aix-en-Provence.

1858.   *Février* : Émile Zola quitte Aix pour Paris. En novembre de la même année, Cézanne est reçu au baccalauréat. Il s'inscrit à la faculté de droit.

1861.   *Avril* : Cézanne rejoint Zola à Paris.

1862.   De retour à Aix, il reprend ses cours à l'école gratuite de dessin.

1863.   À Paris, il copie des œuvres au musée du Louvre.
          15 mai : ouverture du Salon des Refusés. Scandale du *Déjeuner sur l'herbe* de Manet.
          13 août : mort d'Eugène Delacroix.

1864.   *Août* : Cézanne séjourne à l'Estaque.

1865.   À Paris, Cézanne travaille à l'atelier Suisse. Il rencontre Camille Pissarro. En juin, son envoi au Salon est refusé.

1866.	*Avril* : Cézanne rencontre Manet. En avril et mai, Zola publie des articles sur le Salon.
1867.	Deux de ses toiles sont refusées au Salon.
1869.	Cézanne rencontre Hortense Fiquet, jeune modèle qui devient sa compagne.
1870.	Cézanne est à l'Estaque au moment de la guerre franco-prussienne.
1871.	*Janvier* : il est dénoncé comme réfractaire.
1872.	*4 janvier* : naissance de Paul, fils de Cézanne et d'Hortense Fiquet.
	Avril : nouveau refus du Salon.
1872-1873.	Cézanne vit à Pontoise et à Auvers-sur-Oise avec Hortense et Paul.
1874.	*15 avril-15 mai* : première exposition impressionniste, où figurent trois tableaux de Cézanne.
1876.	*Avril* : Cézanne est à Aix pendant la deuxième exposition impressionniste. Il passe l'été à l'Estaque.
1877.	*4-30 avril* : troisième exposition impressionniste, où figurent seize toiles de Cézanne. La même année, Émile Zola publie *L'Assommoir*, son premier succès réel.
1878.	Cézanne est dans le Midi avec Hortense et Paul. Difficultés familiales et financières. Il demande l'aide de Zola.
1879.	Cézanne refuse de participer à la quatrième exposition impressionniste pour garder ses chances au Salon, où il est refusé.
1880.	Zola publie *Nana*. Cézanne séjourne chez Zola à Médan.
1881.	Mariage de Rose Cézanne, sa plus jeune sœur, avec Maxime Conil, avocat.
1883.	*30 avril* : mort d'Édouard Manet. Cézanne est dans le Midi, se partageant entre Aix et l'Estaque.
1885.	Cézanne tombe amoureux, au printemps, d'une mystérieuse inconnue. Aventure sans suite. Séjour d'été à La Roche-Guyon.
1886.	Émile Zola publie *L'Œuvre*. Rupture entre les deux amis.
	28 avril : il épouse Hortense Fiquet.
	23 octobre : mort de Louis-Auguste, père de l'artiste.
1888.	Cézanne s'installe à Paris, quai d'Anjou.

1890.   Il participe à l'exposition du groupe des XX, à Bruxelles. *Été* : séjour dans le Jura et en Suisse avec Hortense et Paul.

1891.   Il diminue la pension de son fils et de sa femme pour qu'ils reviennent à Aix. Il peint avec Renoir, de passage dans le Midi.

1892.   Ambroise Vollard découvre les œuvres de Paul Cézanne chez Julien Tanguy, son premier marchand. Plusieurs articles paraissent sur le peintre et son œuvre.

1894.   Le marchand d'art Durand-Ruel achète des tableaux de Cézanne pour un collectionneur de New York. *Septembre* : Cézanne séjourne à Giverny, village de l'Eure où vit Claude Monet.

1895.   Début de l'affaire Dreyfus. Cézanne est antidreyfusard. *Novembre* : exposition importante d'œuvres de Cézanne dans la boutique d'Ambroise Vollard, rue Laffitte. *Décembre* : Cézanne participe à la première exposition de la Société des amis des arts d'Aix-en-Provence.

1896.   Cézanne rencontre Joachim Gasquet, fils d'un de ses amis.

1897.   *25 octobre* : mort de la mère de Paul Cézanne, Élisabeth.

1898.   Émile Zola publie *J'accuse*.

1899.   Vente du Jas de Bouffan, la propriété familiale des Cézanne.

1902.   Cézanne emménage en septembre dans l'atelier des Lauves. *29 septembre* : mort d'Émile Zola.

1906.   *23 octobre* : mort de Paul Cézanne à Aix-en-Provence.

BIBLIOGRAPHIE

Brion-Guerry, Liliane, *Cézanne et l'expression de l'espace*, Albin Michel, 1966.

Cézanne, Paul, *Correspondance*, édition établie et annotée par John Rewald, Grasset, 1978.

Chapuis, Adrien, *The Drawnings of Paul Cézanne. A Catalogue raisonné*, Londres, Thames & Hudson, 1973.

Collectif, cat. exp. *Cézanne, les dernières années (1885-1906)*, textes de Liliane Brion-Guerry, John Rewald, Geneviève Monnier, RMN, 1978.

Collectif, cat. exp. *Cézanne, les années de jeunesse (1859-1872)*, textes de Lawrence Gowing, Mary Louise Krumrine, Mary Tompkins Lewis, Sylvie Patin, RMN, 1988.

Collectif, *Paul Cézanne*, Die Badenden, textes de Mary Louise Krumrine, Gottfried Boehm, Christian Geelhaar, Bâle, Kunstmuseum, 1989.

Collectif, cat. exp. *Cézanne*, Paris, textes de Françoise Cachin, Isabelle Cahn, Henri Loyrette, Joseph J. Rishel, W. Feichenfeldt, RMN, 1995.

Collectif, *Conversations avec Cézanne*, éd. Michael Doran, Macula, 1978.

Coutagne, Denis, *Cézanne*, Critérion, 1990.

Dagen, Philippe, *Cézanne*, Flammarion, « Tout l'art », 1995.

Dorival, Bernard, *Cézanne*, Tisné, 1948.

Düchting, Hajo, *Cézanne*, Taschen, 1992.

Fauconnier, Bernard, *L'Incendie de la Sainte-Victoire*, Grasset, 1995.

Gasquet, Joachim, *Cézanne*, Cyrana, 1988.

Gowing, Lawrence, *Cézanne, la logique des sensations organisées*, Macula, 1992.

Handke, Peter, *La Leçon de la Sainte-Victoire*, Gallimard, 1985.

Huysmans, Joris Karl, *L'Art moderne*, UGE-10/18, 1992.

Jean, Raymond, *Cézanne, la vie, l'espace*, Éd. du Seuil, « Fiction et Cie », 1982.

Perruchot, Henri, *La vie de Cézanne*, Hachette, 1956.

Reff, Théodore, « Cézanne, Flaubert, St Anthony and the Queen of Saba », *The Art Bulletin*, juin 1962.

Rewald, John, *Cézanne*, Flammarion, 1986 ; rééd. 1995.

Rewald, Paul, *Les Aquarelles de Paul Cézanne*, Arts et Métiers graphiques, 1984.

Rilke, Rainer Maria, *Lettres sur Cézanne*, Éd. du Seuil, 1991.

Schapiro, Meyer, « Les *Pommes* de Cézanne », in *Style, artiste et société*, Gallimard, « Tel », 1982.

Venturi, Lionello, *Cézanne, son art, son œuvre*, Paul Rosenberg, 1936.

Verdi, Richard, *Cézanne*, Londres, Thames & Hudson, 1995.

Vollard, Ambroise, *En écoutant Cézanne, Degas, Renoir*, Grasset, « Les Cahiers rouges », 1985.

Zola, Émile, *Écrits sur l'art*, Gallimard, 1991.

Zola, Émile, *L'Œuvre*, Gallimard, « Folio classique » n° 1437.

UNE JEUNESSE

1. Émile Zola, *Documents littéraires*, Fasquelle, 1926, chapitre « Alfred de Musset ».

2. Joachim Gasquet, *Cézanne*, Cyrana, 1988 (Droits réservés).

3. Émile Zola, *op. cit.*

4. Paul Alexis, *Émile Zola. Notes d'un ami*, Maisonneuve et Larose, 2001.

5. In *Conversations avec Cézanne*, édition présentée par P.-M. Doran, Macula, 1978.

6. Émile Zola, *op. cit.*

7. Cité par Christophe Deshoulières, in *L'Opéra baroque et la scène moderne*, Fayard, 2000.

8. Lettre de Paul Cézanne à Émile Zola, 9 avril 1858, in *Correspondance*, édition établie et commentée par John Rewald, Grasset, 1978.

9. *Ibid.*, lettre du 3 mai 1858.

10. *Ibid.*, lettre du 29 mai 1858.

11. *Ibid.*, lettre du 3 mai 1858.

12. Lettre de Paul Cézanne à Émile Zola, 7 décembre 1858, in *Correspondance*, *op. cit.*

13. Lettre de Paul Cézanne à Émile Zola 20 juin 1859, *op. cit.*

14. Lettre d'Émile Zola à Paul Cézanne, 3 mars 1860, *op. cit.*

15. Lettre d'Émile Zola à Paul Cézanne, 16 avril 1860, *op. cit.*

16. Lettre d'Émile Zola à Paul Cézanne, juillet 1860, *op. cit.*

À NOUS TROIS, PARIS !

1. Lettre d'Émile Zola à Baptiste Baille, 10 juin 1861, in *Correspondance*, *op. cit.*
2. Lettre d'Émile Zola à Paul Cézanne, 20 janvier 1862, *op. cit.*
3. *Ibid.*

LE REFUSÉ

1. Émile Zola, *Documents littéraires*, *op. cit.*

ALLERS ET RETOURS

1. Paul Cézanne, *Correspondance*, *op. cit.*
2. *Ibid.*
3. Joachim Gasquet, *Cézanne*, *op. cit.*
4. Émile Zola, *La Confession de Claude*, Ancrage, 2000.
5. Dans *Le Mémorial d'Aix*.

LA BATAILLE DE PARIS

1. Lettres de Fortuné Marion à Morstatt, publiées dans *La Gazette des Beaux-Arts*, janvier 1937.
2. Émile Zola, *Écrits sur l'art*, Gallimard, 1991.
3. *Ibid.*
4. *Ibid.*
5. Lettre d'Émile Zola à Numa Coste, citée *in* Cézanne, *Correspondance*, *op. cit.*
6. Lettre d'Antoine Guillemet à Émile Zola, citée in *ibid.*
7. Lettre de Paul Cézanne à Émile Zola, 19 octobre 1866, in *Correspondance*, *op. cit.*
8. *Ibid.*
9. Lettre de Paul Cézanne à Camille Pissarro, 23 octobre 1866, *op. cit.*
10. Charles Baudelaire, « Richard Wagner et *Tannhäuser* à Paris », in *Œuvres complètes*, t. II, Gallimard, « Bibliothèque de la Pléiade ».

11. Souvenir rapporté par Marc Elder, in À *Giverny, chez Claude Monet*, Éd. Bernheim-Jeune, 1924.

HORTENSE

1. *Le Figaro*.
2. Lettre de Fortuné Marion à Heinrich Morstatt, in *La Gazette des Beaux-Arts, op. cit.*
3. Lettre de Paul Cézanne à Heinrich Morstatt, 24 mai 1868, in *Correspondance, op. cit.*
4. In *Correspondance, op. cit.*
5. *Ibid.*
6. Émile Zola, *Carnets d'enquête*, Plon, 1986.
7. Rainer Maria Rilke, *Lettres sur Cézanne*, Éd. du Seuil, 1991.
8. Réponse de Cézanne, citée dans l'hebdomadaire dirigé par le caricaturiste Stock.

LOIN DE LA GUERRE

1. Ambroise Vollard, *En écoutant Cézanne, Degas, Renoir*, Grasset, « Les Cahiers rouges », 1985.
2. Gustave Flaubert, lettre à George Sand, 30 avril 1871, in *Correspondance*, t. IV, Gallimard, « Bibliothèque de la Pléiade »

NAISSANCES

1. Lettre d'Achille Emperaire à des amis aixois, citée *in* Cézanne, *Correspondance, op. cit.*.

L'EXPOSITION

1. Lettre à ses parents, non datée, in *Correspondance, op. cit.*
2. Cité par Henri Perruchot, *La Vie de Cézanne*, Hachette, 1956.
3. Émile Zola, *L'Œuvre*, Gallimard, « Folio classique » n° 1437.

BAIGNEUSES

1. Lettre du 24 juin 1874, in *Correspondance, op. cit.*

SUR LES MARGES DE L'IMPRESSIONNISME

1. Lettre de Paul Cézanne à sa mère, 26 septembre 1874, in *Correspondance, op. cit.*
2. Lettre de Paul Cézanne à Camille Pissarro, avril 1876, in *Correspondance, op. cit.*
3. *Ibid.*

FAMILLE, FAMILLE

1. Lettre de Paul Cézanne à Émile Zola, 14 avril 1878, in *Correspondance, op. cit.*
2. Lettre de Paul Cézanne à Émile Zola, 28 septembre 1878, *op. cit.*
3. Lettre de Paul Cézanne à Émile Zola, 19 décembre 1878, *op. cit.*

MÉDAN

1. *In* cat. exp. *Cézanne*, RMN, 1995.
2. Émile Zola, *Écrits sur l'art, op. cit.*
3. Paul Cézanne à Émile Zola, le 20 mai 1881, in *Correspondance, op. cit.*

« SI JE MOURAIS À BREF DÉLAI »

1. Paul Alexis, *Émile Zola. Notes d'un ami, op. cit.*
2. *Ibid.*
3. Lettre de Paul Cézanne à Émile Zola, 14 novembre 1882, in *Correspondance, op. cit.*

« VOUS M'AVEZ PERMIS DE VOUS EMBRASSER »

1. Cité in *Correspondance, op. cit.* John Rewald date ce document du printemps 1885.
2. Lettre du 14 mai 1885, in *Correspondance, op. cit.*

L'ANNÉE TERRIBLE

1. Ambroise Vollard, *En écoutant Cézanne, Degas, Renoir, op. cit.*
2. *Ibid.*
3. Joachim Gasquet, *Cézanne, op. cit.*

LA MONTAGNE MAGIQUE

1. John Rewald, *Cézanne*, Flammarion, 1986 ; rééd. 1995.
2. J.-K. Huysmans, in *Certains*, Gregg international, 1970.
3. Lettre de Paul Cézanne à Octave Maus, 27 novembre 1889, in *Correspondance, op. cit.*

LES JOUEURS DE CARTES

1. Lettre de Paul Alexis à Émile Zola, février 1891, in *Correspondance, op. cit.*
2. Lettre de Numa Coste à Émile Zola, 5 mars 1891, *ibid.*

DEVENIR UNE LÉGENDE

1. Ambroise Vollard, *En écoutant Cézanne, Degas, Renoir, op. cit.*
2. Cette lettre fut longtemps attribuée à tort à Mary Cassatt. C'est en fait bel et bien une lettre de Matilda Lewis à sa famille (sources : archives de la Yale University Art Gallery).
3. Marc Elder, *À Giverny, chez Claude Monet, op. cit.*

LE DERNIER CERCLE

1. Joachim Gasquet, *Cézanne, op. cit.*
2. *Ibid.*
3. Raymond Jean, *Cézanne, la vie, l'espace*, Éd. du Seuil, « Fiction et Cie », 1982.
4. Joachim Gasquet, *Cézanne, op. cit.*
5. Ambroise Vollard, *En écoutant Cézanne, Degas, Renoir, op. cit.*
6. *Ibid.*
7. Lettre de Paul Cézanne à Joachim Gasquet, 18 juillet 1897, in *Correspondance, op cit.*
8. Joachim Gasquet, *Cézanne, op. cit.*

LA MONTÉE DU SOIR

1. Joachim Gasquet, *Cézanne, op. cit.*, p. 135.
2. Lettre de Paul Cézanne à Ambroise Vollard, 9 janvier 1903, in *Correspondance, op. cit.*
3. *Conversations avec Cézanne, op. cit.*
4. Fragment d'une lettre de mars 1903 cité in *Correspondance, op. cit.*
5. Philippe Sollers, « Le paradis de Cézanne », in *Éloge de l'infini*, Gallimard, 2001.
6. *Conversations avec Cézanne, op. cit.*
7. Lettre à Roger Marx, 23 janvier 1905, in *Correspondance, op. cit.*
8. Lettre de Paul Cézanne à son fils Paul, 8 septembre 1906, *op. cit.* John Rewald remplace le terme « enculés » par « ignares ». Nous rétablissons la vérité.

Une jeunesse   9
À nous trois, Paris !   35
Le refusé   46
Allers et retours   60
La bataille de Paris   73
Hortense   94
Loin de la guerre   104
Naissances   111
Le docteur Gachet   117
L'exposition   125
Baigneuses   131
Sur les marges de l'impressionnisme   135
Famille, famille   151
Médan   159
« Si je mourais à bref délai »   173
« Vous m'avez permis de vous embrasser »   181
L'année terrible   187
La montagne magique   198
Les joueurs de cartes   205
Devenir une légende   211

Une consécration   223
Le dernier cercle   229
La montée du soir   238

ANNEXES

Repères chronologiques   259
Bibliographie   262
Notes   264

FOLIO BIOGRAPHIES

Attila, par Éric Deschodt
Balzac, par François Taillandier
Baudelaire, par Jean-Baptiste Baronian
Jules César, par Joël Schmidt
Cézanne, par Bernard Fauconnier
James Dean, par Jean-Philippe Guerand
Freud, par René Major et Chantal Talagrand
Gandhi, par Christine Jordis
Billie Holiday, par Sylvia Fol
Ibsen, par Jacques De Decker
Kafka, par Gérard-Georges Lemaire
Kerouac, par Yves Buin
Louis XVI, par Bernard Vincent
Michel-Ange, par Nadine Sautel
Modigliani, par Christian Parisot
Pasolini, par René de Ceccatty
Picasso, par Gilles Plazy
Shakespeare, par Claude Mourthé
Virginia Woolf, par Alexandra Lemasson
Stefan Zweig, par Catherine Sauvat

À paraître en février 2007

Boris Vian, par Claire Julliard
Molière, par Christophe Mory
Marilyn Monroe, par Anne Plantagenet
Marlene Dietrich, par Jean Pavans
Albert Cohen, par Frank Médioni
Joséphine Baker, par Jacques Pessis

COLLECTION FOLIO

Dernières parutions

4108. George Sand — *Consuelo II.*
4109. André Malraux — *Lazare.*
4110. Cyrano de Bergerac — *L'Autre Monde.*
4111. Alessandro Baricco — *Sans sang.*
4112. Didier Daeninckx — *Raconteur d'histoires.*
4113. André Gide — *Le Ramier.*
4114. Richard Millet — *Le renard dans le nom.*
4115. Susan Minot — *Extase.*
4116. Nathalie Rheims — *Les fleurs du silence.*
4117. Manuel Rivas — *La langue des papillons.*
4118. Daniel Rondeau — *Istanbul.*
4119. Dominique Sigaud — *De chape et de plomb.*
4120. Philippe Sollers — *L'Étoile des amants.*
4121. Jacques Tournier — *À l'intérieur du chien.*
4122. Gabriel Sénac de Meilhan — *L'Émigré.*
4123. Honoré de Balzac — *Le Lys dans la vallée.*
4124. Lawrence Durrell — *Le Carnet noir.*
4125. Félicien Marceau — *La grande fille.*
4126. Chantal Pelletier — *La visite.*
4127. Boris Schreiber — *La douceur du sang.*
4128. Angelo Rinaldi — *Tout ce que je sais de Marie.*
4129. Pierre Assouline — *État limite.*
4130. Élisabeth Barillé — *Exaucez-nous !*
4131. Frédéric Beigbeder — *Windows on the World.*
4132. Philippe Delerm — *Un été pour mémoire.*
4133. Colette Fellous — *Avenue de France.*
4134. Christian Garcin — *Du bruit dans les arbres.*
4135. Fleur Jaeggy — *Les années bienheureuses du châtiment.*
4136. Chateaubriand — *Itinéraire de Paris à Jérusalem.*
4137. Pascal Quignard — *Sur le jadis. Dernier royaume, II.*
4138. Pascal Quignard — *Abîmes. Dernier Royaume, III.*
4139. Michel Schneider — *Morts imaginaires.*
4140. Zeruya Shalev — *Vie amoureuse.*

4141. Frédéric Vitoux — *La vie de Céline.*
4142. Fédor Dostoïevski — *Les Pauvres Gens.*
4143. Ray Bradbury — *Meurtres en douceur.*
4144. Carlos Castaneda — *Stopper-le-monde.*
4145. Confucius — *Entretiens.*
4146. Didier Daeninckx — *Ceinture rouge.*
4147. William Faulkner — *Le Caïd.*
4148. Gandhi — *La voie de la non-violence.*
4149. Guy de Maupassant — *Le Verrou et autres contes grivois.*
4150. D. A. F. de Sade — *La Philosophie dans le boudoir.*
4151. Italo Svevo — *L'assassinat de la Via Belpoggio.*
4152. Laurence Cossé — *Le 31 du mois d'août.*
4153. Benoît Duteurtre — *Service clientèle.*
4154. Christine Jordis — *Bali, Java, en rêvant.*
4155. Milan Kundera — *L'ignorance.*
4156. Jean-Marie Laclavetine — *Train de vies.*
4157. Paolo Lins — *La Cité de Dieu.*
4158. Ian McEwan — *Expiation.*
4159. Pierre Péju — *La vie courante.*
4160. Michael Turner — *Le Poème pornographe.*
4161. Mario Vargas Llosa — *Le Paradis — un peu plus loin.*
4162. Martin Amis — *Expérience.*
4163. Pierre Autin-Grenier — *Les radis bleus.*
4164. Isaac Babel — *Mes premiers honoraires.*
4165. Michel Braudeau — *Retour à Miranda.*
4166. Tracy Chevalier — *La Dame à la Licorne.*
4167. Marie Darrieussecq — *White.*
4168. Carlos Fuentes — *L'instinct d'Inez.*
4169. Joanne Harris — *Voleurs de plage.*
4170. Régis Jauffret — *univers, univers.*
4171. Philippe Labro — *Un Américain peu tranquille.*
4172. Ludmila Oulitskaïa — *Les pauvres parents.*
4173. Daniel Pennac — *Le dictateur et le hamac.*
4174. Alice Steinbach — *Un matin je suis partie.*
4175. Jules Verne — *Vingt mille lieues sous les mers.*
4176. Jules Verne — *Aventures du capitaine Hatteras.*
4177. Emily Brontë — *Hurlevent.*
4178. Philippe Djian — *Frictions.*
4179. Éric Fottorino — *Rochelle.*

4180. Christian Giudicelli   *Fragments tunisiens.*
4181. Serge Joncour   *U.V.*
4182. Philippe Le Guillou   *Livres des guerriers d'or.*
4183. David McNeil   *Quelques pas dans les pas d'un ange.*
4184. Patrick Modiano   *Accident nocturne.*
4185. Amos Oz   *Seule la mer.*
4186. Jean-Noël Pancrazi   *Tout est passé si vite.*
4187. Danièle Sallenave   *La vie fantôme.*
4188. Danièle Sallenave   *D'amour.*
4189. Philippe Sollers   *Illuminations.*
4190. Henry James   *La Source sacrée.*
4191. Collectif   *«Mourir pour toi».*
4192. Hans Christian Andersen   *L'elfe de la rose et autres contes du jardin.*
4193. Épictète   *De la liberté* précédé de *De la profession de Cynique.*
4194. Ernest Hemingway   *Histoire naturelle des morts* et autres nouvelles.
4195. Panaït Istrati   *Mes départs.*
4196. H. P. Lovecraft   *La peur qui rôde* et autres nouvelles.
4197. Stendhal   *Féder ou Le Mari d'argent.*
4198. Junichirô Tanizaki   *Le meurtre d'O-Tsuya.*
4199. Léon Tolstoï   *Le réveillon du jeune tsar* et autres contes.
4200. Oscar Wilde   *La Ballade de la geôle de Reading.*
4201. Collectif   *Témoins de Sartre.*
4202. Balzac   *Le Chef-d'œuvre inconnu.*
4203. George Sand   *François le Champi.*
4204. Constant   *Adolphe. Le Cahier rouge. Cécile.*
4205. Flaubert   *Salammbô.*
4206. Rudyard Kipling   *Kim.*
4207. Flaubert   *L'Éducation sentimentale.*
4208. Olivier Barrot/ Bernard Rapp   *Lettres anglaises.*
4209. Pierre Charras   *Dix-neuf secondes.*
4210. Raphaël Confiant   *La panse du chacal.*
4211. Erri De Luca   *Le contraire de un.*

4212. Philippe Delerm — *La sieste assassinée.*
4213. Angela Huth — *Amour et désolation.*
4214. Alexandre Jardin — *Les Coloriés.*
4215. Pierre Magnan — *Apprenti.*
4216. Arto Paasilinna — *Petits suicides entre amis.*
4217. Alix de Saint-André — *Ma Nanie,*
4218. Patrick Lapeyre — *L'homme-sœur.*
4219. Gérard de Nerval — *Les Filles du feu.*
4220. Anonyme — *La Chanson de Roland.*
4221. Maryse Condé — *Histoire de la femme cannibale.*
4222. Didier Daeninckx — *Main courante* et *Autres lieux.*
4223. Caroline Lamarche — *Carnets d'une soumise de province.*
4224. Alice McDermott — *L'arbre à sucettes.*
4225. Richard Millet — *Ma vie parmi les ombres.*
4226. Laure Murat — *Passage de l'Odéon.*
4227. Pierre Pelot — *C'est ainsi que les hommes vivent.*
4228. Nathalie Rheims — *L'ange de la dernière heure.*
4229. Gilles Rozier — *Un amour sans résistance.*
4230. Jean-Claude Rufin — *Globalia.*
4231. Dai Sijie — *Le complexe de Di.*
4232. Yasmina Traboulsi — *Les enfants de la Place.*
4233. Martin Winckler — *La Maladie de Sachs.*
4234. Cees Nooteboom — *Le matelot sans lèvres.*
4235. Alexandre Dumas — *Le Chevalier de Maison-Rouge.*
4236. Hector Bianciotti — *La nostalgie de la maison de Dieu.*
4237. Daniel Boulanger — *Tombeau d'Héraldine.*
4238. Pierre Clémenti — *Quelques messages personnels.*
4239. Thomas Gunzig — *Le plus petit zoo du monde.*
4240. Marc Petit — *L'équation de Kolmogoroff.*
4241. Jean Rouaud — *L'invention de l'auteur.*
4242. Julian Barnes — *Quelque chose à déclarer.*
4243. Nerval — *Aurélia.*
4244. Christian Bobin — *Louise Amour.*
4245. Mark Z. Danielewski — *Les Lettres de Pelafina.*
4246. Marthe et Philippe Delerm — *Le miroir de ma mère.*
4247. Michel Déon — *La chambre de ton père.*

4248. David Foenkinos   *Le potentiel érotique de ma femme.*

4249. Éric Fottorino   *Caresse de rouge.*

4250. J. M. G. Le Clézio   *L'Africain.*

4251. Gilles Leroy   *Grandir.*

4252. Jean d'Ormesson   *Une autre histoire de la littérature française, I.*

4253. Jean d'Ormesson   *Une autre histoire de la littérature française, II.*

4254. Jean d'Ormesson   *Et toi mon cœur pourquoi bats-tu.*

4255. Robert Burton   *Anatomie de la mélancolie.*

4256. Corneille   *Cinna.*

4257. Lewis Carroll   *Alice au pays des merveilles.*

4258. Antoine Audouard   *La peau à l'envers.*

4259. Collectif   *Mémoires de la mer.*

4260. Collectif   *Aventuriers du monde.*

4261. Catherine Cusset   *Amours transversales.*

4262. A. Corréard/ H. Savigny   *Relation du naufrage de la frégate la Méduse.*

4263. Lian Hearn   *Le clan des Otori, III : La clarté de la lune.*

4264. Philippe Labro   *Tomber sept fois, se relever huit.*

4265. Amos Oz   *Une histoire d'amour et de ténèbres.*

4266. Michel Quint   *Et mon mal est délicieux.*

4267. Bernard Simonay   *Moïse le pharaon rebelle.*

4268. Denis Tillinac   *Incertains désirs.*

4269. Raoul Vaneigem   *Le chevalier, la dame, le diable et la mort.*

4270. Anne Wiazemsky   *Je m'appelle Élisabeth.*

4271. Martin Winckler   *Plumes d'Ange.*

4272. Collectif   *Anthologie de la littérature latine.*

4273. Miguel de Cervantes   *La petite Gitane.*

4274. Collectif   *«Dansons autour du chaudron».*

4275. Gilbert Keeith Chesterton   *Trois enquêtes du Père Brown.*

4276. Francis Scott Fitzgerald   *Une vie parfaite suivi de L'accordeur.*

4277. Jean Giono   *Prélude de Pan et autres nouvelles.*

4278. Katherine Mansfield — *Mariage à la mode* précédé de *La Baie.*

4279. Pierre Michon — *Vie du père Foucault — Vie de Georges Bandy.*

4280. Flannery O'Connor — *Un heureux événement* suivi de *La Personne Déplacée.*

4281. Chantal Pelletier — *Intimités* et autres nouvelles.

4282. Léonard de Vinci — *Prophéties* précédé de *Philosophie et aphorismes.*

4283. Tonino Benacquista — *Malavita.*

4284. Clémence Boulouque — *Sujets libres.*

4285. Christian Chaix — *Nitocris, reine d'Égypte T. 1.*

4286. Christian Chaix — *Nitocris, reine d'Égypte T. 2.*

4287. Didier Daeninckx — *Le dernier guérillero.*

4288. Chahdortt Djavann — *Je viens d'ailleurs.*

4289. Marie Ferranti — *La chasse de nuit.*

4290. Michael Frayn — *Espions.*

4291. Yann Martel — *L'Histoire de Pi.*

4292. Harry Mulisch — *Siegfried. Une idylle noire.*

4293. Ch. de Portzamparc/ Philippe Sollers — *Voir Écrire.*

4294. J.-B. Pontalis — *Traversée des ombres.*

4295. Gilbert Sinoué — *Akhenaton, le dieu maudit.*

4296. Romain Gary — *L'affaire homme.*

4297. Sempé/Suskind — *L'histoire de Monsieur Sommer.*

4298. Sempé/Modiano — *Catherine Certitude.*

4299. Pouchkine — *La Fille du capitaine.*

4300. Jacques Drillon — *Face à face.*

4301. Pascale Kramer — *Retour d'Uruguay.*

4302. Yukio Mishima — *Une matinée d'amour pur.*

4303. Michel Schneider — *Maman.*

4304. Hitonari Tsuji — *L'arbre du voyageur.*

4305. George Eliot — *Middlemarch.*

4306. Jeanne Benameur — *Les mains libres.*

4307. Henri Bosco — *Le sanglier.*

4308. Françoise Chandernagor — *Couleur du temps.*

4309. Colette — *Lettres à sa fille.*

4310. Nicolas Fargues — *Rade Terminus*

4311. Christian Garcin — *L'embarquement.*

4312. Iegor Gran — *Ipso facto.*

4313. Alain Jaubert — *Val Paradis.*

4314. Patrick Mcgrath — *Port Mungo.*

4315. Marie Nimier — *La Reine du silence.*

4316. Alexandre Dumas — *La femme au collier de velours.*

4317. Anonyme — *Conte de Ma'rûf le savetier.*

4318. René Depestre — *L'œillet ensorcelé.*

4319. Henry James — *Le menteur.*

4320. Jack London — *La piste des soleils.*

4321. Jean-Bernard Pouy — *La mauvaise graine.*

4322. Saint Augustin — *La Création du monde et le Temps.*

4323. Bruno Schulz — *Le printemps.*

4324. Qian Zhongshu — *Pensée fidèle.*

4325. Marcel Proust — *L'affaire Lemoine.*

4326. René Belletto — *La machine.*

4327. Bernard du Boucheron — *Court Serpent.*

4328. Gil Courtemanche — *Un dimanche à la piscine à Kigali.*

4329. Didier Daeninckx — *Le retour d'Ataï.*

4330. Régis Debray — *Ce que nous voile le voile.*

4331. Chahdortt Djavann — *Que pense Allah de l'Europe?*

4332. Chahdortt Djavann — *Bas les voiles!*

4333. Éric Fottorino — *Korsakov.*

4334. Charles Juliet — *L'année de l'éveil.*

4335. Bernard Lecomte — *Jean-Paul II.*

4336. Philip Roth — *La bête qui meurt.*

4337. Madeleine de Scudéry — *Clélie.*

4338. Nathacha Appanah — *Les rochers de Poudre d'Or.*

4339. Élisabeth Barillé — *Singes.*

4340. Jerome Charyn — *La Lanterne verte.*

4341. Driss Chraïbi — *L'homme qui venait du passé.*

4342. Raphaël Confiant — *Le cahier de romances.*

4343. Franz-Olivier Giesbert — *L'Américain.*

4344. Jean-Marie Laclavetine — *Matins bleus.*

4345. Pierre Michon — *La Grande Beune.*

4346. Irène Némirovsky — *Suite française.*

4347. Audrey Pulvar — *L'enfant-bois.*

4348. Ludovic Roubaudi — *Le 18.*

4349. Jakob Wassermann — *L'Affaire Maurizius.*

4350. J. G. Ballard — *Millenium People.*

4351. Jerome Charyn — *Ping-pong.*
4352. Boccace — *Le Décameron.*
4353. Pierre Assouline — *Gaston Gallimard.*
4354. Sophie Chauveau — *La passion Lippi.*
4355. Tracy Chevalier — *La Vierge en bleu.*
4356. Philippe Claudel — *Meuse l'oubli.*
4357. Philippe Claudel — *Quelques-uns des cent regrets.*
4358. Collectif — *Il était une fois... Le Petit Prince.*
4359. Jean Daniel — *Cet étranger qui me ressemble.*
4360. Simone de Beauvoir — *Anne, ou quand prime le spirituel.*
4361. Philippe Forest — *Sarinagara.*
4362. Anna Moï — *Riz noir.*
4363. Daniel Pennac — *Merci.*
4364. Jorge Semprún — *Vingt ans et un jour.*
4365. Elizabeth Spencer — *La petite fille brune.*
4366. Michel tournier — *Le bonheur en Allemagne?*
4367. Stephen Vizinczey — *Éloge des femmes mûres.*
4368. Byron — *Dom Juan.*
4369. J.-B. Pontalis — *Le Dormeur éveillé.*
4370. Erri De Luca — *Noyau d'olive.*
4371. Jérôme Garcin — *Bartabas, roman.*
4372. Linda Hogan — *Le sang noir de la terre.*
4373. LeAnne Howe — *Équinoxes rouges.*
4374. Régis Jauffret — *Autobiographie.*
4375. Kate Jennings — *Un silence brûlant.*
4376. Camille Laurens — *Cet absent-là.*
4377. Patrick Modiano — *Un pedigree.*
4378. Cees Nooteboom — *Le jour des Morts.*
4379. Jean-Chistophe Rufin — *La Salamandre.*
4380. W. G. Sebald — *Austerlitz.*
4381. Collectif — *Humanistes européens de la Renaissance. (à paraître)*
4382. Philip Roth — *La contrevie.*
4383. Antonio Tabucchi — *Requiem.*
4384. Antonio Tabucchi — *Le fil de l'horizon.*
4385. Antonio Tabucchi — *Le jeu de l'envers.*
4386. Antonio Tabucchi — *Tristano meurt.*
4387. Boileau-Narcejac — *Au bois dormant.*
4388. Albert Camus — *L'été.*
4389. Philip K. Dick — *Ce que disent les morts.*

4390. Alexandre Dumas — *La Dame pâle.*
4391. Herman Melville — *Les Encantadas, ou Îles Enchantées.*
4392. Pidansat de Mairobert — *Confession d'une jeune fille.*
4393. Wang Chong — *De la mort.*
4394. Marguerite Yourcenar — *Le Coup de Grâce.*
4395. Nicolas Gogol — *Une terrible vengeance.*
4396. Jane Austen — *Lady Susan.*
4397. Annie Ernaux/ Marc Marie — *L'usage de la photo.*
4398. Pierre Assouline — *Lutetia.*
4399. Jean-François Deniau — *La lune et le miroir.*
4400. Philippe Djian — *Impuretés.*
4401. Javier Marías — *Le roman d'Oxford.*
4402. Javier Marías — *L'homme sentimental.*
4403. E. M. Remarque — *Un temps pour vivre, un temps pour mourir.*
4404. E. M. Remarque — *L'obélisque noir.*
4405. Zadie Smith — *L'homme à l'autographe.*
4406. Oswald Wynd — *Une odeur de gingembre.*
4407. G. Flaubert — *Voyage en Orient.*
4408. Maupassant — *Le Colporteur et autres nouvelles.*
4409. Jean-Loup Trassard — *La déménagerie.*
4410. Gisèle Fournier — *Perturbations.*
4411. Pierre Magnan — *Un monstre sacré.*
4412. Jérôme Prieur — *Proust fantôme.*
4413. Jean Rolin — *Chrétiens.*
4414. Alain Veinstein — *La partition*
4415. Myriam Anissimov — *Romain Gary, le caméléon.*
4416. Bernard Chapuis — *La vie parlée.*
4417. Marc Dugain — *La malédiction d'Edgar.*
4418. Joël Egloff — *L'étourdissement.*
4419. René Frégni — *L'été.*
4420. Marie NDiaye — *Autoportrait en vert.*
4421. Ludmila Oulitskaïa — *Sincèrement vôtre, Chourik.*
4422. Amos Oz — *Ailleurs peut-être.*
4423. José Miguel Roig — *Le rendez-vous de Berlin.*
4424. Danièle Sallenave — *Un printemps froid.*

Composition Nord compo
Impression Maury-Eurolivres
45300 Manchecourt
le 10 octobre 2006.
Dépôt légal : octobre 2006.
1ᵉʳ dépôt légal dans la collection : février 2006.
Numéro d'imprimeur : 124710.
ISBN 2-07-030849-9. / Imprimé en France.